'무엇을 물어보나, 어떻게 대답할까?'

짱짱한 대입면접

(주)유레카엠앤비

초판 1쇄 발행 | 2016년 8월 20일
초판 3쇄 발행 | 2017년 10월 20일

지은이 | 정선학
책임편집 | 권해정
디자인 | 박미영

펴낸곳 | (주)유레카엠앤비
펴낸이 | 김지나
주소 | 서울 마포구 양화로 133 서교타워빌딩 1506호
전화 | 02-322-1848(편집부), 02-558-1844(마케팅부)
팩스 | 02-558-1847
E-mail | eurekaplus@daum.net
출판등록 | 2005년 11월 8일
등록번호 | 제16-3757

ISBN 978-89-92522-31-1

'무엇을 물어보나,
어떻게 대답할까?'

짱짱한
대입면접

대입 시험의
중요 트렌드, 면접

면접이 당락을 가른다

2014 수능에서 자연계 만점자가 딱 한 명 나왔다. 이 학생은 정시에서 당연히 서울 의대에 지원했고 다들 무조건 합격이라고 생각했다. 하지만 웬걸, 결과는 불합격! 서울 의대 정시의 경우 수능 60%, 면접 30%, 학생부 10%를 반영했는데 떨어진 것이다. 이 학생은 3수생이었으므로 내신 때문에 떨어진 것은 아니다. 당락을 결정한 것은 면접이었다!

만점자가 27명이나 돼 물수능 논란이 있었던 2015 입시에서는, 수시에 응시한 수능 만점자 15명 중 4명만이 합격해서 화제가 된 적도 있었다.

수능 만점자가 떨어졌다는 것은 이 학생보다 수능 점수가 낮은 학생이 합격한 경우가 있다는 뜻이다. 이 학생들의 내신은 어차피 대동소이, 최상위권이었을 테다. 그렇다면 하나 남은 요소는 면접이다. 이처럼 면접은 당락을 가를 수 있다. 특목고, 자사고 학생들이 내신 4, 5등급으로도 일류대에 합격할 수 있는 요인 중의 하나가 면접이다.

2017 입시에서도 면접은 여전히 중요하다. 자료를 살펴보자.

2017 대입 모집 인원

	SKY	주요11개교	주요15개교	전국
수시	8,215명	26,498명	33,173명	248,669명
	74.6%	69.2%	66.8%	69.9%
정시	2,794명	11,807명	16,499명	107,076명
	25.4%	30.8%	33.2%	30.1%
전체	11,009명	38,305명	49,672명	355,745명

2017 대입 전형별 모집 인원(주요 15개 대학 49,672명)

	학생부교과	학생부종합	논술	실기	정시
주요 15개교	7.2%	34.5%	17.5%	7.6%	33.2%
전국	40.0%	20.4%	4.2%	5.1%	30.3%

2017 대입의 수시모집 비중은 70.5%로 역대 최대치다. 선발 인원 중심으로 보면, 2017 대입에서 면접으로 선발하는 인원은 대략 10만 명이나 된다. 주요 15개 대학의 학생부교과전형 선발 인원은 7% 정도에 불과하고, 논술전형 역시 17% 정도이다. 수능 중심인 정시는 30%에 그친다. 내신, 논술, 수능 가운데 특장점이 확실하지 않다면 당연히 정시보다는 선발 인원이 더 많은 학생부종합전형에 기대 수밖에 없는 현실이다. 문제는 학생부종합전형의 핵심이 면접이라는 것. 일부 정시의 경우에도 면접이 있다.

대학에서 면접을 보는 이유

"자네가 오늘 면접 시험 보러 오는데 옆으로 지나가던 할머니 한 분이 쓰러졌어. 금방 돌아가실 것처럼 위독해. 주위에는 아무도 없고 휴대폰도 없고 도움 받을 길이 없어. 당장 업고 병원에 가면 할머니는 살 수 있어. 그렇지만 면접 시험을 포기해야 해. 자네, 어떻게 할 건가?"

언젠가 서울대에서 출제되었던 면접 문제다. 뭐라고 답해야 합격하나?

할머니도 살리고 면접도 볼 수 있는 방법을 제시하면 좋겠지만 그건 아예 방향을 잘못 잡은 거다. '도움 받을 길이 없어'라고 분명히 전제했으니까. 그렇다면 이건 전형적인 딜레마 상황이다. 둘 중 하나만 취할 수 있다. "면접을 포기하더라도 할머니를 살리겠습니다."라고 답하면 "착한 학생이군. 합격!", "제 인생이 달려있으므로 할머니는 버려두고 면접을 보겠습니다."라는 학생에게는 "이런 나쁜놈, 불합격!"이라는 평이 나올까?

대학에서 면접을 보는 것은 '내 제자로 뽑을 만큼 똑똑한가?'를 측정하기 위해서이다. 착한 학생을 뽑는 것이 주된 목적이 아니라는 말이다. 나의 지식과 논리력과 창의력을 보여주어야 고득점할 수 있다는 말이다.

"저는 할머니를 구하겠습니다. 이 상황은 버리기 싫은 두 가지 중에서 하나만을 택해야 하는 딜레마 상황입니다. 할머니의 목숨과 저의 1년(재수하면 되니까) 중 하나를 택해야 합니다. 아무래도 할머니의 목숨이 더 무겁다는 것은 분명합니다. 또한 할머니를 포기하고 면접을 봐서 합격했다고 하더라도 그 죄책감을 견디기 힘들 것 같습니다."

이 답변은 상황을 분석했고 자신이 택한 답의 근거를 제시했다. 둘 중 무엇을 택했느냐가 평가 대상이 아니라 분석력과 논리력을 얼마나 잘 보여주었느냐가 득점을 좌우한다.

연세대에서도 이와 닮은 문제가 나온 적이 있다.

"자네가 타고 가던 배가 박살나는 바람에 바다 위에서 허우적대는데 마침 작은 나무토막이 있어서 매달렸어. 그 나무토막의 부력이 겨우 자네 체중을 감당해 주어서 입가에 바닷물이 찰랑찰랑하는 상태로 매달려 있지. 그런데 누군가가 그 나무토막을 향해서 헤엄쳐 오네. 자네 어떡하겠나?"

이 또한 딜레마 상황이다. 나무토막은 한 사람만 매달릴 수 있으며 주위의 도움도 기대할 수 없다. "그와 내가 번갈아 매달리며 구조를 기다리겠습니다."는 답은 틀렸다. 그가 나에게 양보하지 않으면 어떡한단 말인가. 위의 답안을 원용해

보면 다음과 같은 답이 가능하다.

"나의 목숨과 그의 목숨을 저울질하는 문제입니다. 저는 저의 목숨을 택하겠습니다. 이는 생명체로서의 정당한 권리라고 생각합니다."

그런데 말이다. 헤엄쳐 오는 사람이 여러분의 엄마라면!

여러분의 엄마가 나무토막에 매달려 있고 여러분이 헤엄쳐서 다가갔다면 엄마는 나무토막을 양보했을 것이다. 아니 양보했을 가능성이 크다. 그렇다면 다음과 같은 답변을 덧붙일 때 답이 완성된다.

"그러나 헤엄쳐 오는 사람과 저와의 관계에 따라 나무토막을 양보할 여지도 있습니다."

대입에서 면접 비중이 갈수록 커지고 있다. 대입 면접은 점수를 매기는 시험의 일종이므로 '평소 실력'만 믿을 수는 없다. 위에서 예로 든 문제처럼 분석력, 논리력을 측정하기도 하지만 지식이나 인성, 제출 서류의 사실 여부 확인 등 다양한 스타일의 문제가 나온다. ①어떤 문제가 나왔는지 살펴보고, ②어떻게 답해야 할지 고민해 보고, ③실제 답하는 연습을 해 보아야 합격 가능성이 커질 것은 당연하다. 이 책은 이 세 가지 방향의 도움을 주는 책이다.

2016년 7월 정선학

차례 🖊

10. 마지막으로 하고 싶은 얘기를 해 보세요.

11. 학생이 교육부 장관이라면 가장 실시하고 싶은 정책은 무엇인가요?

12. 내년 수능부터 영어 절대평가가 실시됩니다. 어떻게 생각하나요?

13. 국가 수사기관에서 개인의 SNS 메시지를 열람해도 된다고 생각하나요?

14. 과정과 결과 중 어느 것이 중요합니까?

15. 공공 장소에서 스마트 폰을 무분별하게 사용하는 사람이 많습니다.
    특정 공간에서 금연 구역과 같이 스마트폰 사용을 법으로 규제하는 제도에
    대해 어떻게 생각하나요?

16. 남성에게만 병역의 의무를 부과하는 것은 양성평등에
    어긋난다는 의견이 있습니다. 어떻게 생각하나요?

17. 다수결의 원리에 찬성하나요?

18. 입시에서 소수 집단 우대 정책에 대해 어떻게 생각하나요?

19. 자신의 거주지에 혐오 시설이 들어온다면 어떻게 할 것인가요?

20. 대학수학능력시험은 교육방송(EBS) 강의와 특정 비율로
    연계되어 출제됩니다. 이러한 출제 방침에 대해 어떻게 생각합니까?

21. 알파고 신드롬에 대해 어떻게 생각하나요?

22. 조영남이 조수에게 도움을 받아서 그림을 그렸고, 그 사실을 숨긴 채
    그림을 팔았다는 이유로 사기라는 비난이 일고 있습니다.
    조영남은 잘못한 것인가요?

23. 저출산 문제를 해결하는 길은 무엇인가요?

24. 사드 배치를 놓고 찬반 의견이 분분합니다.
여기에서 도출할 수 있는 논쟁점은 무엇인가요?

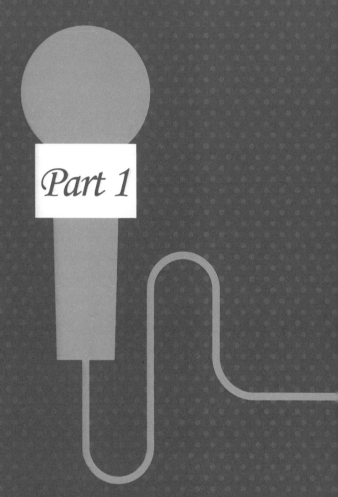

Part 1

무엇을 물어보나, 어떻게 답할까?

면접 문제는 다음의 다섯 가지 정도로 분류할 수 있다. 하나의 문제에 여러 가지 질문이 혼재되기도 한다. 또한 대학별, 전형별로 다섯 가지 중 하나를 더 집중해서 묻는 경우가 많다. 가장 중요한 것은 자기소개서 관련 질문이다. 자신의 과거-현재-미래를 머릿속에 선명하게 정리해 두어야 한다. 시사이슈의 경우 최근의 시사이슈를 정리한 책 한 권 정도는 읽어 보는 것이 바람직하다. 전공지식과 인성·창의성은 기출문제를 살펴보는 수밖에 없다. 논술 스타일의 문제는 기출문제 풀이와 논술공부가 최선의 대비책이다.

자기소개서 : 자소서는 1차 합격의 요소 중 하나나. 자소서를 대필하거나 스펙을 만들어 주는 서비스가 생겨났고 교수들도 그 사실을 잘 안다. 그래서 교수들은 자소서의 진위(眞僞) 여부를 살펴본다. 거짓임이 탄로나면 치명적이다. 자소서에 언급돼 있는 '지망 동기'나 '학업 계획'은 가벼운 질문으로 지나가고, 특정 분야를 깊이 있게 물어보는 경우가 많다. 심리학과 지망생이 자소서에 "심리학 관련 책을 많이 읽었다"고 쓴 경우, 책 제목을 묻고 그 책의 내용에 대해 꼬치꼬치 물어본다든가, "심리학의 여러 분야 중 특별히 관심있는 분야는?"하고 묻는다.

시사이슈 : 최근의 시사 이슈를 주로 다루는 대학도 많다. 최근 1년 동안의 찬반 양론이 팽팽한 주제를 택해 자신의 생각을 물어보는 것이다. 평소 사회적 이슈에 대해 관심을 가진 학생이 당연히 유리하다. 〈유레카〉의 '논쟁' 코너나 '시사 읽기'를 꾸준히 읽는 것은 큰 도움이 된다. "사드에 대해 어떻게 생각하나?"라는 물음에 "사드가 뭔가요?"라고 되묻는 건 곤란하다. 언론에서 많이 다루는 이슈에 대해 어느 정도는 알고 있어야 한다.

전공 지식 : 대부분의 면접에서 전공 지식을 어느 정도는 물어본다. 전공 학문에 대해 관심이 없다면 면접의 벽을 넘을 수 없다. 대학 수준의 지식을 갖추라는 게 아니다. 관심있는 학문에 대한 관심을 보여주면 된다. 예컨대 국문과 지망자라면 "합성어와 파생어에 대해 설명해보라"(경희대), "구개음화와 두음법칙을 설명하라"(고려대) 같은 질문에 답할 수 있어야 한다. 나아가 시(詩)에 관심이 있다면 좋아하는 시인 몇 명, 시 몇 편을 언급할 수 있어야 한다.

인성 · 창의성 : 생각하는 훈련이 안 되어 있을 경우 대답하기 힘든 유형이다. 갑자기 "식물인간에게도 삶의 의미가 있는가?"(서울대) 같은 질문을 던지면 당황하는 학생들이 많다. 딜레마 상황을 제시하고 선택을 요구하는 경우도 있다.

논술문제 : 논술 문제를 주고 말로 설명하도록 요구하는 대학도 많다. 이 경우는 논술 공부를 하는 것이 곧 면접 공부이다.

01 나는 누구인가?
'자기소개서' 관련 질문

대입 면접에는 자기소개서와 관련된 질문이 가장 많다.
대표적인 유형은 다음의 4가지이다.

1. 학생의 자질과 특성을 파악하는 질문

2. 학과 지원 동기

3. 대학 지원 동기

4. 장래 계획

1. 학생의 자질과 특성을 파악하는 질문

자기소개서가 과장·허위가 아닌지 묻는 질문, 자기소개서 내용 일부를 구체화하는 질문도 여기에 포함된다. 다음과 같은 문제가 나왔다.

① "자기 소개를 해 보세요."
② "자기 자신을 한 단어나 구(句)로 표현해 주세요."
③ "자신의 장단점이 뭐라고 생각해요?"
④ "좋아하는 과목이 무엇인가요?"
⑤ "학교생활 하며 학업 이외에 활동한 건 없나요?"
⑥ "고등학교 때 좌절했던 경험이 있나요?"
⑦ "봉사 활동이 다른 아이들에 비해 많은데 고등학생이 이렇게 봉사할 시간이 있었나요?"
⑧ "수학 성적이 낮은데 이유가 무엇인가요?"
⑨ "2학년 때 결석, 조퇴가 좀 있는데 병이 있었나요?"
⑩ "마지막으로 하고 싶은 말은 없나요?"

어떻게 대답할까?

위의 ①~⑩에 대해 하나하나 대응 방법을 살펴보자. 꼭 기억할 것은 학생부, 자소서 내용과 일치하지 않는 답은 절대 안 된다는 점.

❶ "자기 소개를 해 보세요."

학생부나 자소서에 나와 있는 내용을 반복하지 말자. "엄하신 아버지와 인자하신 어머니의 사랑을 듬뿍 받고 자라났습니다" 같은 상투적 표현도 피하자. "공부 잘 한다"는 자랑도 하지 말자. 학생부에 다 나와 있으니까. 자신의 장단점을 포함해서 평소 자신에 대한 반성이 바탕이 된 답변을 준비하자. 영문과 지망생의 답변 예를 들어보겠다.

"부모님과 두 살 아래의 남동생이 있는 평범한 가정에서 자랐습니다. 저는 영어를 잘 하지만 수학이 싫습니다.(이 경우 학생부의 영어 성적이 수학보다 높아야 한다!) 사람을 잘 사귀고 여행을 좋아합니다. 장차 반기문 총장의 뒤를 잇는 외교관이 되고 싶습니다."

즉 '자신의 특성 – 지망 학과 – 장래 희망'을 연결짓는 답변이 바람직하다.

---

❷ "자기 자신을 한 단어나 구(句)로 표현해 주세요."

상투적이지 않은 표현을 준비하자.

역경을 이기는 꾸준함을 강조하고 싶으면 '21세기 나폴레옹', '킬리만자로의 표범'도 좋다. 아니면 '우공이산' 같은 사자성어라도 준비하자. 젊은이답지 않은 '안빈낙도', 지나치게 경박한 '낙장불입'은 금물.

---

❸ "자신의 장단점이 뭐라고 생각해요?"

누구나 장점 여럿, 단점 하나를 든다. 바람직한 전략이다. 이 단점을 학생부에서 찾자. 수학 4등급에 영어 1등급이라면 '좋아하는 분야만 집중한다', 결석이 많았다면 '몸이 약하다', 임원을 한 경험이 전혀 없다면 '대인 관계에 소극적이다'는 단점을 들면 된다.

단점을 말한 뒤에 단점을 극복하기 위해서 어떤 노력을 기울였는지 말하는 것도 일반적이다. 이때 "노력을 통해 단점을 모두 극복했다"고 말하는 것은 지나치다. 단점 없는 인간은 뽀로로뿐이다. "지금도 고치려고 노력하고 있습니다" 정도가 적절하다.

❹ "좋아하는 과목이 무엇인가요?"

학생부에서 등급이 가장 높은 과목을 들면 된다. "대부분 수학을 싫어하는데 저는 수학시간이 가장 행복했습니다"처럼. 만일 등급이 높은 과목과 지망학과가 어긋날 때(국어 3등급, 수학 1등급인 학생이 국문과를 지원하는 경우)는 그 이유가 무엇인지 설명할 수 있어야 한다. 예를 들면, "문학 작품 읽는 것을 좋아하다 보니 문제 푸는 요령은 익히지 못했습니다" 같은.

❺ "학교생활 하며 학업 이외에 활동한 건 없나요?"

어차피 학생부, 자소서에 다 나와 있는 내용 중에서 하나를 들 수밖에 없다. 이때 중요한 포인트는, 내용을 얼마나 보완해서 구체적으로 밝힐 수 있는지다. 날짜와 장소 등을 기억해 두어야 한다.

❻ "고등학교 때 좌절했던 경험이 있나요?"

대부분 공부 아니면 대인 관계를 든다. 랭킹 1위가 '수학 성적 하락', 2위가 '동아리 활동에서의 불화', 3위는 '부모와의 충돌'이다.

사실 이 외에 다른 예를 들기가 어렵기도 할 것이다. 그러나 차별화된 답을 하고 싶다면 좀더 고민할 필요가 있다. '이성 교제와 공부를 병행하기 어려웠다'든가, '장래 희망을 정하기 힘들었다', '사후 세계에 대해 한동안 깊게 생각해 본 적이 있는데 결론을 내지 못했다. 내 지식이 너무 모자람을 뼈저리게 느꼈다' 처럼 '좌절'의 범위를 넓혀서 생각해 보자.

❼ "봉사 활동이 다른 아이들에 비해 많은데 고등학생이 이렇게 봉사할 시간이 있었나요?"

이 질문의 바탕에는 '의심'이 깔려 있다. 봉사 활동을 부모가 대신한다든가 서류에 시간을 부풀려 기재한다든가 하는 일이 있다는 게 매스컴을 통해 다 알려져 있기 때문이다. 적극적으로 자신을 방어해야 한다. 언제 어떻게 시간을 할애할 수 있었는지 설명할 수 있어야 한다.

또다른 의심은 자발적 봉사가 아니라 점수 따기 위한 '고행'이 아닌가 하는 점이다. 이에 대해서는 "처음에는 의무적으로 시작했지만 봉사 활동을 계속할수록 보람을 느꼈다"는 답변이 가장 흔하다. '보람'의 내용을 구체화하면 더 나은 답이 된다. "봉사 활동을 하면서 남을 돕는 것이 얼마나 가슴 뿌듯한 것인지를, 평범한 삶이 얼마나 행복한가를 알았습니다. 이 마음이 계속 봉사 활동을 할 수 있는 힘을 주었습니다."

❽ "수학 성적이 낮은데 이유가 무엇인가요?"

이 질문은 수학 성적에만 관심을 두는 것이 아니다. 특정 과목에 약한지, 싫은 과목을 쉽게 포기하는 의지박약은 아닌지, 특히 '수포자'가 아닌지 등을 묻는 것이다. 면접 전형에서 의지가 약한 자나 수포자를 뽑는 일은 드물다. 즉 적극적으로 설명해야 하는 위험한 질문이다. "확률 통계는 재미있었는데 미적분은 어려웠습니다"처럼 결코 수학을 포기하지 않았음을 보여주어야 한다. 수학 대신 다른 과목의 경우도 마찬가지이다.

❾ "2학년 때 결석, 조퇴가 좀 있는데 병이 있었나요?"

면접 전형에서 출결은 매우 중요하다. 특히 무단결석은 감점 폭이 크다. 이 질문은 학생의 성실성을 측정한다. 어디가 어떻게 아팠는지, 혹은 어떤 다른 사정이 있었는지 구체적으로 기억해서 설명해야 한다.

❿ "마지막으로 하고 싶은 말은 없나요?"

연세대 고려대 서강대 한양대 중앙대 경희대 등 많은 대학에서 이 질문이 나왔다. 학생들이 무어라고 답했을 깃 같은가? 맞다. 여러분의 짐작대로이다. 1위 "내년에 강의실에서 뵙고 싶습니다", 2위 "꼭 이 대학에 합격하고 싶습니다. (간절하고 비장하게) 떨어지면 재수해서라도 오겠습니다."

교수 입장에서 이 답변은 별로 매력적이지 않다. 이런 말을 하는 학생이 너무 많은 데다가 원서를 냈다는 것으로 합격하고 싶다는 마음은 증명된 것이니까. "최선을 다 했습니다. 겸허하게 결과를 기다리겠습니다" 같은 진인사 대천명의 자세, 장래의 포부를 밝히는 자세 등이 무난하다. 면접관에게 충격을 주어서 득점하려는 마음은 과욕이다.

놀랍게도 마지막에 "수고하셨습니다"라고 말한 학생이 많단다. 이는 학생이 교수에게 할 말이 아니다. 아랫사람에게나 할 수 있는 표현이다. 정 할 말이 없으면 "고맙습니다"가 더 낫다.

2. 학과 지원 동기

이 부분은 뒤에서 다룰 '장래 계획' 부분과 일부 겹친다.

① "우리 학과에 지원한 동기는?"
② "우리 학과에서 무엇을 배우는지 아는 대로 말해 보세요."
③-1 "대학을 다니다가 전공이 적성에 안 맞는다고 판단된다면 어떻게 할 것인가요?"
③-2 "학생부에 어문학계열과 예술 쪽에 특기가 있다는데 왜 경제학과에 지원했나요?"
③-3 "복수 전공 계획은?"
④-1 "이 학과를 선택하는 데 도움이 된 책은?"
④-2 "우리 학과에 오기 위해 특별히 동아리를 들었다거나 어떤 활동을 했나요?"
④-3 "1, 2, 3학년 동아리가 진로와는 별로 상관없어 보이는데 반박해 보세요."

어떻게 대답할까?

❶ "우리 학과에 지원한 동기는?"

앞에서 살짝 언급한 대로 '나의 과거 · 미래'와 잘 들어맞는 답을 해야 한다. '나의 과거 · 미래'란 '학생부와 자소서'를 말하는 것. 영문과를 지망하는 학생은 영어 성적이 높고, 영어 관련 동아리 활동을 했고, 장래 희망란에 영어 관련 직업이 적혀 있으면 가장 좋다. 컴퓨터 전공할 학생은 수학 성적과 컴퓨터 관련 활동이 학생부에서 뒷받침되어야 좋다. 그 뒷받침이 약하다고 생각되면 무언가 이유를 찾아두어야 한다.

❷ "우리 학과에서 무엇을 배우는지 아는 대로 말해 보세요."

무얼 배울지도 잘 모르는 학생들을 뽑고 싶은 교수는 없다. 언제 반수한다고 나가버릴지도 모르니까. 그 학문에 열정이 있음을 보여 주어야 한다. △세부 전공은 어떻게 나뉘는지 △그 중에서 나는 무얼 택할지 △졸업 후 진로는 어떠한지 △어떤 자격증이 있는지 △장학금 지급 기준은 무엇인지 등을 알아두어야 한다. 적극적인 학생들은 해당 학과의 특징, 장점, 교수들의 이름과 전공 등을 조사하거나 교수의 저서를 읽고 가기도 한다.

❸-1 "대학을 다니다가 전공이 적성에 안 맞는다고 판단된다면 어떻게 할 것인가요?"
❸-2 "학생부에 어문학계열과 예술 쪽에 특기가 있다는데 왜 경제학과에 지원했나요?"
❸-3 "복수 전공 계획은?"

위의 ①과 ②에서 신뢰를 얻지 못했을 때 ③-1, ③-2 같은 질문을 받게 된다. 적극적으로 방어해야 하는 맹독성 질문이다. ③-1의 경우 전공이 적성과 맞음을 역설하며, 적성과 다소 어긋나더라도 그 학문에 대한 성취욕으로 극복할 수 있음을 강변해야 한다. ③-2는 어문학계열과 경제학과의 커트라인이 다르다는 전제가 깔려 있는 질문이다. "너 점수 아까워서 관심도 없는 경제학과 지원했지?"라는 뜻. 여기에 대한 답은 위의 ①에서 준비되어 있었어야 옳다. "어문학·예술과 경제학은 인간에 대한 이해를 바탕으로 한다는 점에서 많이 겹칩니다. 저의 적성은 경제학과 잘 어울린다고 생각하며 저는 훌륭한 경제학자가 될 자신이 있습니다." ③-3은 의심 받지 않는 학생도 만날 수 있는 질문이다. 지망 학과와 복수 전공이 어떻게 접목되는지 스토리를 만들어 두자. 복수 전공을 선택하지 않겠다는 대답도 가능하다.

❹-1 "이 학과를 선택하는 데 도움이 된 책은?"

❹-2 "우리 학과에 오기 위해 특별히 동아리를 들었다거나
　　　어떤 활동을 했나요?"

❹-3 "1, 2, 3학년 동아리가 진로와는 별로 상관없어 보이는데 반박해 보세요."

학생부·자소서의 내용과 겹치는 질문이 많은 항목. 나의 과거를 이렇게 겹쳐 확인하는 것은 미래에 대해서는 부풀려 답할 수 있지만 과거는 증거가 있어 '뻥치기' 어렵기 때문이다.

④-1처럼 독서 경험을 묻는 경우는 아주 흔하다. 대충 아는 책을 언급하면 큰일 난다. 책의 내용을 구체적으로 물어볼 뿐만 아니라(여러분이 읽은 대부분의 책에 대해서 교수들은 잘 알고 있다.) ①의 질문과 연계하여 질문이 꼬리를 물고 이어지는 경우가 많다. 진짜 읽어 본 책을 말해야 한다.

④-2, ④-3같은 질문을 만났을 때 동아리 활동과 전공을 무리하게 연결지을 필요는 없다. 동아리 활동은 고교 시절의 폭넓은 경험을 위한 것이지 대학의 전공을 염두에 둔 것이 아니다. 공대 지망생의 사진동아리나 신방과 지망생의 춤동아리가 여러분의 삶을 행복하게 해 주었다면 그 행복의 내용을 설명하는 것으로 충분한 답이 된다. 지망 학과를 위한 준비는 학교 공부나 독서를 통해 해 왔으므로.

우리 학과에 지원한 동기는?

건국대 무역학과

"우연히 코엑스에서 열린 무역박람회에 가게 됐습니다. 각국 바이어들과 우리나라 기업체의 담당자가 정신없이 이야기를 나누고 거래를 성사시키는 모습에 매력을 느꼈습니다. 현재 우리나라는 무역의존도가 세계 Top3 안에 듭니다. 무역으로 경제성장을 했다고 과언이 아닌데, 그런 중요성을 알고 나자 더욱 흥미가 생겼고, 무역을 좀더 배우고 싶어 무역학과에 지원했습니다."

공주대 특수교육학과

"초등교사가 꿈이었습니다. 특수교육으로 진로를 결정한 건 고등학교 3학년 1학기 때입니다. 선생님과 함께 지적장애인이 거주하는 곳에서 봉사하기 시작했는데, 시간이 흐를수록 그분들과 만나는 시간이 기대가 됐습니다. 평소 장애를 가진 친구들과도 거리낌 없이 잘 지내왔기 때문에 '아! 이게 내가 원하는 일이다!' 라는 생각이 들었습니다. 한국의 특수교육에 대해 이야기한다면 '정지상태'라고 표현하고 싶습니다. 물리적인 통합교육이 대부분이라 특수교사와 특수학급의 수가 턱없이 모자랍니다. 선진국의 사례처럼 다양한 방면으로 발전하지 못하고 있습니다. 장기적인 미래를 보고 끊임없이 연구하고 발전을 위해 노력해야 하는데 정부의 의지에 따라 좌지우지되고 있는 게 현실입니다. 저는 이런 현실에 '재생버튼'을 눌러 좀더 나은 사회를 만들어보고 싶습니다.

"아버지의 영향이 컸습니다. 아버지께선 CNN이나 BBC 등 외신 뉴스와 〈타임〉 같은 외신 잡지를 보라고 늘 챙겨주셨습니다. 해외경험도 중요하다며 일본, 중국, 미국 등 여러 나라에 다녀올 수 있게 해주셨습니다. 고1 때 미국에 잠시 어학연수를 갔었는데, 그때 경험이 제 꿈에 직접적인 영향을 줬습니다. 전 세계 18개국에서 온 100여 명의 학생이 한 학교에 모였는데, 그들과 소통하며 견문을 넓힐 수 있었고 그후 국제공무원이 되겠다는 꿈을 갖게 됐습니다. 이런 제 꿈을 이루기 위해 국제학부를 선택했으며 이곳에서 세계무대에서 일할 수 있도록 깊은 사고와 넓은 시야를 기르고 싶습니다."

단국대 생활체육학과

"체육, 특히 구기종목을 좋아하고 이를 직업으로 연결하기 위해 생활체육학과 진학에 도전하게 됐습니다. 최근 ICT와 생활체육, 헬스케어가 만나 많은 시너지를 내고 있습니다. 나이키나 애플, 우리나라의 기업들도 마찬가지입니다. 헬스케어 산업에 많은 기업들이 뛰어들고 있는 요즘, 더 많은 사람이 생활체육을 즐길 것이라 생각하고 있습니다. 이런 시대가 요구하는 전문 체육인이 되고 싶어 단국대 생활체육학과에 지원하게 됐습니다."

동국대학교 기계로봇에너지공학과

"대학에서 무엇을 배울까가 아닌 대학 졸업 후 내가 하고 싶은 일은 무엇일까 고민하다가 기계로봇에너지공학과를 선택하게 됐습니다. 이 학과의 가장 큰 장점이 졸업 후 사회진출분야가 다양하다는 것이기 때문입니다. 이 학과에서 자동차, 항공기, 중공업, 에너지 등을 배우며 진로를 고민해보고 싶습니다."

동덕여대 패션디자인학과

"패션마케팅이나 MD, 패션일러스트 쪽에 관심이 많습니다. 선배를 따라 동덕여대 패션디자인학과 졸업 패션쇼를 보게 됐습니다. 디자인 전공을 꿈꾸는 친구들 사이에서 '졸업 패션쇼의 수준이 학과의 명성을 반영한다'라는 말을 흔히 했었는데, 동덕여대 패션디자인학과를 보고 반해, 꼭 이 학과에 들어와야겠다는 생각을 했습니다."

서강대 커뮤니케이션학부

"미디어에 관심이 많습니다. 친구들과 진로 심화스터디를 만들고 소논문을 쓰기도 했습니다. 미디어산업은 플랫폼 사업자, 개발자, 유저 등이 상호작용하며 엄청난 부가가치를 창출하고 있습니다. 제 꿈은 이중 플랫폼을 만드는 사람입니다. 서강대 커뮤니케이션학부에서 제 꿈에 대한 진지하게 고민을 할 수 있고 그 능력을 키울 수 있을 거로 생각합니다."

서울교대 초등교육과

"초등학교 때 선생님 덕이 컸습니다. 그 선생님은 일기로 아이들과 소통을 했는데, 선생님이 달아주신 코멘트 때문에 일기쓰기에 재미를 붙일 수 있었습니다. 어릴 때부터 그렇게 소통하는 선생님, 아이들의 이야기를 들어주는 선생이 되고자 꿈을 가지게 됐고, 서울교대에 지원하게 됐습니다."

서울대 고고미술사학과

"처음엔 미술사라는 특정 분야보다 역사 전반에 흥미를 느꼈습니다. 어릴 때부터 역사 관련 소설이나 만화책을 읽으며 과거에 살았던 사람들의 향취를 느끼는 걸 좋아했습니다. 미술사라는 분야를 알게 된 건 미술사 수업 때문이었습니다, 이 수업을 통해 미술사에 한 시대 특유의 분위기가 예술작품에 녹아 있다는 걸 배웠습니다. 동양사학과와 서양사학과, 한국사학과도 있었는데, 예술을 통해 역사 속 한 시대의 현실과 꿈 그리고 당대 사람들의 생각을 가늠해볼 수 있다는 점 때문에 고고미술사학과를 선택했습니다. 예술을 통해 역사 속 인물과 소통할 수 있는 일에 큰 매력을 느꼈습니다."

서울대 지구과학교육과

"고등학교에서 지구과학에 열정적인 선생님께 수업을 배운 것이 계기가 됐습니다. 고3이 되어 지구과학교육과와 지구환경과학부를 두고 고민을 많이 했는데, 자기소개서를 미리 써보며 지구과학교육과로 결정했습니다. 제 봉사활동 시간을 정리하다 보니 교육 관련 봉사만 190시간을 했었습니다. 생각해보니 제가 교육을 좋아하고 그 안에서 즐거움과 보람을 찾았다는 것을 알게 됐고 사범대로 진로를 바꿨습니다."

숙명여대 르꼬르동블루외식경영학과

"경영학을 알아보다 숙대의 이 학과를 알게 됐습니다. 음식은 삶에 빠질 수 없는 필수 요소입니다. 경제가 좋지 않아도 외식업은 발전하고, 발전할 수밖에 없는 분야입니다. 과거에는 외식업에 대한 인식이 레스토랑에만 제한되어 있었는데, 최근 '쿡방'처럼 외식업이 방송과 연결되기도 하고 '소셜다이닝' 등 IT와 연결돼 새로운 분야로 진출되고 있습니다. 이처럼 외식이 여러 분야와 융합된다는 점에 흥미를 느꼈고, 외식경영에 대해 전문적으로 배울 수 있는 르꼬르동블루외식경영학과를 선택했습니다."

세종대 물리천문학과

"물리와 천문학 모두 관심이 많았습니다. 특히 천문학은 몇 개 학교밖에 개설되지 않아 선택의 범위가 넓지 않았습니다. 물리천문학과 내물리학, 천문우주학으로 전공이 나뉘는 거로 알고 있습니다. 이 학과에 입학하게 된다면 물리천문학을 전공으로 택하고 싶습니다."

아주대 금융공학과

"수학여행으로 런던을 간 적이 있습니다. 그때 점심을 런던의 금융 중심부에서 먹게 됐는데 당시 영화에서만 보던 광경에 큰 인상을 받았습니다. 금융인들이 바쁘게 돌아다니는 모습이었습니다. 당시 유치하게도 그런 금융전문가가 되어 세계를 대상으로 일하고 싶다는 생각을 했었습니다. 그 일을 계기로 금융에 대해 좀더 알아보다 과학고 학생을 선발하는 아주대 금융공학과를 알게 됐고, 아무런 고민 없이 제 꿈을 이룰 수 있을 것 같다는 생각에 바로 지원서를 썼습니다."

연세대 문헌정보학과

"문과대학에 소속돼 있는 학과인데도 '학제적인' 공부를 할 수 있다는 것에 매력을 느꼈습니다. 원래 문헌정보학과는 '도서관학'이라 불리며 도서관과 가장 밀접한 학문이었는데 21세기 정보화 사회에 접어들면서 컴퓨터능력과 수학적 논리력을 접목한 인문학으로 성장했습니다. 그래서 학과 이름도 'Library and Information Science'. 도서관학에 정보과학을 응용한 학문이지 않습니까. 고교 2년 동안 교내 도서부 부장을 맡아 도서관이 거의 생활공간이다시피 한데다 국가공인 컴퓨터기술 자격증도 6개나 가지고 있습니다. 이런 것들이 저를 자연스럽게, 문헌정보학과로 안내해줬습니다."

연세대 심리학과

"'긴급출동 SOS' 라는 방송 프로그램이 있었습니다. 위험한 상황이나 어려움에 처한 사람들을 도와주는 프로그램이었는데, 임상심리학자와 정신과 의사가 나와 사람들의 문제를 파악하고 해결책을 제시했습니다. 초등학교 때 그 프로그램을 보고 그들과 비슷한 일을 하고 싶다는 생각을 했고 고등학교 때 법심리학에 관심이 많아져 이 학문을 공부해보고자 지원하게 됐습니다."

이화여대 유아교육과

"교육이라는 학문 자체에 매력을 느껴 유아교육과를 지원하게 됐습니다. 교육을 통해 누군가를 긍정적인 방향으로 발전할 수 있도록 돕는 일은 사회에서 꼭 필요한 일이라 생각합니다. 특히 유아기는 변화에 굉장히 민감하고, 삶에 가장 기본적인 것들을 정립한 시기입니다. 이렇게 큰 잠재력을 가진 유아를 교육하는 일을 통해 보람을 느끼고 싶었습니다."

이화여대 화학신소재공학부

"나일론을 개발한 '듀폰'의 슬로건은 'Better Living Through Chemistry'입니다. 이 문구는 제가 제일 좋아하는 말이기도 한데, 인간이 잘살기 위해서는 화학이 필요하단 뜻입니다. 특히 화학과 신소재는 인류가 계속 잘 살기 위해 요구되는 학문입니다. 어릴 때부터 화학신소재에 관심이 많았고, 이대 화학신소재공학부를 택했습니다. 2015학년도에 신설됐다는 점이 더 마음에 끌렸습니다. 불모지를 개척하는 기분이 들었습니다."

중앙대 국문학과

"고교시절을 문학과 함께 보냈습니다. 〈이상문학상 수상 작품집〉을 읽는 것을 좋아했고, 백일장에 참가해 수상한 적도 있습니다. 그러다 보니 자연스럽게 지금의 학과에 지원하게 됐습니다."

한양대 건축학부

"막연하게 경영학과를 희망했었는데 도서관에서 전공도서를 보고 마음을 접었습니다. 이후에 전공도서를 보면 내가 어떤 학문에 관심이 있는지, 더 배우고 싶은지 알 수 있겠다는 생각에 여러 전공책을 봤고 그중 하나가 이 건축이었습니다. 경험해보지 못한 걸 실제 건축으로 구현해내는 과정이 제 적성과 잘 맞을 거로 생각했습니다. 한양대엔 건축공학과도 있었습니다. 건축이란, 짓는 사람의 철학을 바탕으로 공학의 도움을 받아 미학을 완성하는 것으로 생각합니다. 건축학은 건물을 짓는다고 했을 때 '무엇을, 왜 짓느냐'를 연구하는 학문이고 반면에 건축공학은 그것을 '어떻게 구축해내는지'에 대해 공부하는 과라고 할 수 있습니다. 제가 지향하는 건 건축학과 가까워 이 학과를 택했습니다."

한양대 중어중문학과

"제2외국어로 중국어를 처음 접했습니다. 입시에 밀려 기본적인 수준만 배웠지만, 아주 즐거웠던 기억이 오래도록 남았습니다. 방학에 짬을 내 중국어를 배웠고, 언어에 녹아 있는 중국문화도 함께 배우며 중국에 대한 매력에 빠졌습니다. 그래서 중어중문학과에 지원하게 됐습니다."

3. 대학 지원 동기

대부분 점수에 맞춰 지원했음을 알면서도 이런 질문이 꼭 나온다.

①-1 "우리 대학에 와 본 적 있나요?"
①-2 "우리 대학에 대해 얼마나 알고 있나요?"
①-3 "우리 대학의 교훈을 알고 있나요?"
② "우리 대학에 오고 싶은 이유는?"
③-1 "우리 대학 이외에 또 어디에 원서를 넣었나요?"
③-2 "여기와 다른 대학 둘 다 합격한다면 어디를 선택할건가요?"
④ "내신 성적이 매우 높은데 우리 대학에 지원한 이유는?"

어떻게 대답할까?

❶-1 "우리 대학에 와 본 적 있나요?"
❶-2 "우리 대학에 대해 얼마나 알고 있나요?"
❶-3 "우리 대학의 교훈을 알고 있나요?"

①-1은 긴장 해소용이므로 솔직히 답하면 된다. ①-2, ①-3은 조금 심각하다. 건학 이념, 설립 시기, 인재상, 자랑거리, 교훈 등을 알고 있기를 기대하는 질문이다. 사전에 홈페이지를 통해 공부해두어야 한다. 거기에다 친척이나 선배가 이 대학 출신이라든가 하는 식의 개인적 인연을 덧붙일 수 있으면 더 좋다.

❷ "우리 대학에 오고 싶은 이유는?"

모든 대학은 자랑거리를 갖고 있다. 오래된 대학, 취업률 높은 대학, 외국 대학과 교류 많은 대학, 발전 가능성이 높은 대학 등 지망 대학의 자랑을 활용해서 답하자. "점수 맞춰 지망했습니다"같은 답은 나쁘다. '점수가 더 좋았으면 여기 안 왔을텐데'라는 생략된 뒷말을 교수가 금방 알아챌 것이니까. 최악의 대답은 다음과 같다. "담임선생님께서 여기 지원하면 합격 가능성이 높다고 권했습니다(나는 오기 싫은데)." 정직함이 미덕이 아닌 경우가 있음을 여러분도 알 나이가 되었다.

❸-1 "우리 대학 이외에 또 어디에 원서를 넣었나요?"
❸-2 "여기와 다른 대학 둘 다 합격한다면 어디를 선택할건가요?"

다른 대학도 지원했다는 것을 교수들이 모를 리가 있는가. 따라서 ③-1에는 사실대로 답하면 된다. 일부 대학에서 ③-2같은 질문을 한다는 것이 문제다. 잔인한 질문이다. ③-1에 "서울대 ○○학과 지원했습니다"라고 대답했는데, "서울대하고 우리 대학 둘 다 붙으면?"이라는 질문을 받았다는 경험담도 더러 있다. "서울대 가겠습니다"고 말하면 안 뽑아 줄 것 같고, "서울대 포기하겠습니다"라고 말하자니 서로 낯간지럽고. 질문이 틀려먹었으니 정답도 없다고 봐야 한다. 나는 이런 경우에 솔직하게 답하는 것이 낫다고 생각한다. 다른 대학으로 빠져나갈 것이 두려워 일부러 실력없는 학생을 뽑지는 않으니까.

❹ "내신 성적이 매우 높은데 우리 대학에 지원한 이유는?"

이런 질문을 받았다면 합격 가능성이 매우 높다. 이 질문은 ③-2의 변형이지만 폭력성은 훨씬 덜하다. "너, 더 높은 대학도 지원했고 거기 붙으면 우리 대학 포기할거지?"라고 묻고 있는 것이다. 여기에 대한 답은 ②에서와 동일하다. 지망 대학의 장점이 많기 때문임을 역설하면 된다. "장학금을 받기 위해서"라는 답도 가능하다.

4. 장래 계획

이 부분은 △대학 진학 후 공부 계획 △대학 졸업 후 인생 계획 △최종 직업 등을 묻는다. 질문이 매우 구체적이고 꼼꼼하다. 임기응변으로 대충 대답하면 낭패본다. 사전 조사를 철저히 해야 하고, 중요 사항은 암기해야 하며, 해당 학과의 홈페이지(대학이 아니라 학과!)를 잘 살펴보아야 한다. 질문 내용을 크게 다섯 가지로 나누어 보았다.

❶ 전공과 장래 직업의 불일치

①-1 "호텔리어가 되고 싶다면서 중어중문학과에 지원한 이유는?(호텔경영학과가 있잖아.)", "영어교사가 꿈인데 왜 영문학과에 왔나요?(영어교육과로 가야지.)"

①-2 "심리상담가가 되고 싶다면서 국제통상학과에 지원했군.(심리학과를 갈 것이지.)", "○○대학의 건축캠프도 다녀왔고 본인도 부모님도 건축디자이너를 원한다고 되어있는데 왜 패션디자인학부로 왔나요?"

①-3 "세부 전공으로 '주거 환경'을 계획하고 있군요. 그 전공을 택했다가 나중에 취업에 유리한 '공학'으로 전공을 바꾸는 경우가 많은데 어떻게 생각하나요?"

어떻게 대답할까?

이런 질문을 받았다는 사실이 문제다. 전공이나 직업 선택에 대한 치열한 고민이 없었음을 추궁당하고 있는 것이니까. 자기소개서에서 미리 해명하지 않고 뭘 했단 말인가? 그래도 ①-1은 추궁의 강도가 뽕망치 정도로 약하다. 영문과 출신 교사도, 중국인 여행객도 많으므로 어렵지 않게 설명할 수 있다. ①-2는 잘못 대답하면 엄청난 감점이 기다리는 질문이다. "내 제자가 될 생각이 전혀 없지? 일단 붙고 보자는 마음으로 원서 냈지?"라는 바위덩어리가 날아오고 있는 것이다. 애초 두 전공 사이에서 고민했다든지, 최근 어떤 입시설명회를 계기로 꿈이 바뀌었다든지 무언가 납득할 만한 설명을 준비해두어야 한다. ①-3은 해당 전공 교수의 입장에서는 절실한 질문이다. 그 학문에 대한 열정을 보여 줄 필요가 있다.

❷ 장래 희망 변경 이유

②-1 "방송 작가에서 광고 기획자로 꿈이 바뀌게 된 계기가 있나요?", "진로가 태권도 사범에서 체육교사 그리고 운동재활치료사로 바뀐 이유는?"
②-2 "학생부의 장래 희망은 은행원인데 자기소개서에서는 회계사로 바뀌었군요. 왜죠?"
②-3 "언제부터 생명공학연구원을 꿈꾸게 되었나요?"

어떻게 대답할까?

장래 희망이 바뀌는 것은 전혀 잘못이 아니다. 세상을 보는 눈이 넓고 깊어지면서 꿈이 바뀌는 것은 자연스럽다. 단 생각이 바뀐 과정을 설명할 수 있어야 한다. ②-2는 두 직업의 유사성, 은행원보다 회계사를 상위 직업으로 보는 평판 등을 활용하여 답할 수 있다. ②-3은 특정한 시점, 계기를 묻고 있다. "고2 2학기 때 '생물' 과목을 공부하면서 큰 매력을 느꼈습니다"는 식으로 구체적인 답변을 준비해 두어야 한다. 사실 이 질문도 자기소개서에서 미리 해명했어야 옳다. 그 잘못을 성실한 답변으로 만회해야 한다.

❸ 입학 후 구체적인 공부 계획

③-1 졸업 후 계획은 무엇인가요?", "대학원을 진학한다면 더 공부하고 싶은 분야는?"

③-2 "문과 출신이 한의학을 공부하려면 힘들텐데?"

어떻게 대답할까?

③-1은 대학원 진학, 유학, 취직 등 자신의 계획을 설명하면 된다. 중요한 것은 구체적이어야 한다는 것. 'ㅇㅇ대학 △△대학원', '◇◇연구소' 등 고유명사로 답하는 것이 좋다. 치밀한 사전 연구가 필요한 것이다. "공부해보고 결정하겠습니다"라는 대답은 최소화해야 한다. ③-2는 교차지원한 학생에게 "수학, 과학 잘할 수 있어?"라고 묻고 있다. 물론 "잘 할 수 있다"고 대답해야 하고 이과 출신보다 더 많은 시간을 투입하겠다는 결심을 보여어야 한다.

❹ 장래 직업의 구체적 내용

④-1 "앞으로 어떤 건축을 하고 싶은가요?", "경영인이 된다면 기업을 어떻게 운영할 것인지?", "경영컨설턴트로서 구체적으로 맡고 싶은 분야는?", "PD가 되면 어떤 프로그램을 만들고 싶나요?", "보호직공무원이 되겠다고 했는데, 어떤 시험을 치러야 하는지, 시험 과목은 무엇인지 알고 있나요?"

④-2 "통번역가가 되고 싶은 이유는?", "사회복지사라는 힘든 직업을 희망하는 이유는?"

④-3 "옆에 면접관님의 의상을 한번 평해보세요. 면접관님이 더 멋지게 입으려면 무엇을 더 추가해야 하나요?", "문화마케터가 되겠다고 했는데, 복숭아축제에 문화마케팅을 해 본다면?"

어떻게 대답할까?

지금 설정한 장래 희망이 진실한지, 진지한 관심을 거친 것인지 측정하는 질문.

④-1처럼 꼼꼼히 물어보므로 대충 흥미 수준으로 답변하다가는 금방 박살난다. 직업 선택 과정과 세부 분야에 대해 영어 단어 외우듯 암기해 두어야 한다. ④-2에도 약간의 의심이 깔려 있다. 직업에 대한 흥미와 진정성을 보여주어야 한다. 수험생의 내공이 고스란히 드러나는 ④-3 같은 경우가 문제다. 첫째 질문은 패션디자인학과 지망생이 패션에 대한 자신의 전문성을 어느 정도 과시한 후 나온 것이다. 별 비법이 없다. 현장에서 최선을 다해 답변할 수밖에 없다.

❺ 학생의 장래에 대한 포괄적 질문

⑤-1 "10년 후, 20년 후, 30년 후 본인의 모습을 설명해 주세요."
⑤-2 "본인에게 ○○대학 ▽▽학과는 인생에서 어떤 의미가 될 것 같은가요?"
⑤-3 "꿈이 3년 내내 정치인이군요. 여학생이 이렇게 정치인을 꿈꾸는 일이 흔하지 않은데 왜 이런 꿈을 갖게 되었나요?"
⑤-4 "자신의 꿈에 대해서 영향을 미친 사람은?", "롤모델은?"

어떻게 대답할까?

⑤-1은 앞의 질문에 답할 수 있는 사람이라면 어렵지 않은 질문이다. 30년 후 여러분은 무조건 전공분야의 최고 전문가이다. 10년 후가 좀 어렵다. 구체적 조사가 필요하다. 지망대학, 학과에 대해 ⑤-2처럼 묻는 것은 좀 낯간지럽다. 그래도 답하기는 쉽다. 적극 찬양할 수밖에. "○○대학 ▽▽학과는 저를 성숙시켜준 지적(知的) 고향입니다. 또한 제 인생의 기반을 다져준 제2의 부모이기도 합니다." 정외과 지망생이 받은 ⑤-3은 칭찬이다. 당당하게 답하면 된다. ⑤-4도 빠지지 않는 질문이다. 전공을 불문하고 답변에 자주 등장하는 인물이 있다. 부모님, 선생님, 반기문, 빌 게이츠 등. 즉 채점자 입장에서 중복되는 답변이 너무 많다는 것이 문제다. 진짜 닮고 싶은 사람을 떠올려 보자. 친구를 닮고 싶을 수도 있고, 어렸을 때 본 만화의 주인공이 인생길을 결정할 수도 있다.

⬡02 시사 이슈

시사 이슈는 수험생의 지식과 응용력을 측정하기 좋아서
끊임없이 출제된다. 기출문제를 하나 살펴보자.

우버(Uber)택시를 허용해야 하는가? (2016 경희대)

우버택시는 자가용을 영업용 택시처럼 이용하는 것인데, 스마트폰 앱으로 운전자와 승객이 연결되는 새로운 형태의 사업이다. 이와 관련한 현행 법이 없으므로 현재로서는 불법이다. 이를 환영하는 수요와 공급이 존재하므로 관련법을 만들어 허용하면 되겠는데, 택시업계에서 결사 반대한다는 점이 문제다.

즉 이 문제는 ① 사회 변화를 어떻게, 얼마나 받아들여야 하는가 ② 그 과정에서 구성원들의 이익이 충돌할 때 어떻게 해결해야 하는가? ③ 시장 원리를 얼마나 받아들여야 하는가? 등등 만만치 않은 질문을 바탕에 깔고 있다. 사회 변화를 늦게 받아들이면 사회가 낙후하고, 급격히 받아들이면 낙오자가 생긴다. 시장 원리에 따른다면 우버택시는 벌써 허용했어야 마땅하지만, 이 논리라면 마약이나 청부살인도 허용해야 한다. 그렇다면 이런 문제에 좋은 답을 하기 위해서는 ① 우버택시가 뭔지 알아야 하고, ② 그 현상을 분석할 수 있어야 하며, ③ 바탕에 깔린 질문에 답할 수 있어야 한다. 최근의 시사 이슈에 무엇이 있는지를 알기 위해서는 인터넷 포털사이트를 뒤지는 것도 좋지만 시간이 너무 걸리므로 유레카엠앤비에서 나온 《이기는 면접을 위한 2017 시사읽기》를 추천한다. 논리적 바탕을 탄탄하게 다지는 데는 교과서가 가장 좋다. 교과서에서 배운 지식을 바탕으로 답할 때 가장 안전하기도 하다. 우버택시 문제는 사회문화 교과서의 '개인과 사회의 관계', '사회 계층과 불평등', '현대 사회와 사회 변동'에서 답의 근거를 찾을 수 있다. 혹은 생활과 윤리 교과서의 '사회 윤리와 직업 윤리' 부분도 도움이 된다.

흙수저 금수저 논란…
가난은 개인의 책임일까, 사회의 책임일까

2016학년도 한국교원대 정시 면접고사에서 빈부계층 고착화와 같은 사회적 현상이 개인의 책임인지 사회의 책임인지 지원자의 의견과 교육자로서의 책임에 대해 물었다. 계층 고착화, 금수저 흙수저 논란은 올해도 이어질 것으로 보인다. 대학 면접고사에서도 이런 현상이나 가난의 책임에 대한 의견을 묻는 질문이 빈번할 것이다.

> Q 가난의 책임은 어디에 있는 것인가. 무능력한 개인에게 있는지, 불평등을 야기한 사회에 있는지 지원자의 의견을 말해보시오.

가난은 개인의 책임이다

"가장 큰 책임은 개인에게 있습니다. 사회의 책임은 부차적인 것입니다. 자본주의 사회에서 모든 개인은 자유롭습니다. 신분이나 제도적 차별도 찾아보기 힘듭니다. 그러므로 개인의 노력에 따라 얼마든지 원하는 일자리를 얻고 이에 상응하는 돈을 벌수 있습니다. 사회 전체가 가난해서 국민에게 일할 기회를 제공하지 못하는 것도 아니고요. 물론 모든 이가 고소득을 올리는 직업을 갖긴 힘들지만 성실함과 노력이 뒤따른다면 사회의 평균적인 생활을 누리는 것이 어렵지 않습니다. 가난을 불러오는 가장 큰 원인은 근로능력이 있는데도 기업과 사회가 요구하는 능력을 갖추기를 포기하는 나태함이나 절제하지 못하는 과소비에 있습니다. 가난은 개인의 책임이며 가난의 악순환을 끊을 수 있는 열쇠도 개인이 가지고 있다고 생각합니다."

가난은 사회의 책임이다

"개인의 노력에는 한계가 있습니다. 자본주의 사회는 자유경쟁 사회로, 이 경쟁사회에서는 개인이 아무리 노력해도 남과의 경쟁에 뒤처지면 도태될 수밖에 없습니다. 고소득이 보장되는 좋은 일자리는 경쟁을 갖춘 소수만이 얻게 되고 나머지 사람들은 저임금, 저소득 일자리에 종사할 수밖에 없습니다.

그럼 경쟁력은 개인이 갖출 수 있을까요? 금수저, 흙수저 논란이 보여주듯 부모의 소득수준과 지위가 개인의 경쟁력으로 굳어진 지 오래입니다. 국가의 정의와 힘이 개입되지 않으면 약육강식의 경쟁원리가 지배하는 자본주의 사회에서 부익부 빈익빈 현상은 더욱 심화될 것입니다. 한 사회의 빈곤층 정도는 그 사회의 소득분배의 불평등 정도를 나타내는 지표입니다. 즉 빈곤층이 많다는 것은 소득 분배에 불평등이 심하다는 증거입니다. 이를 해결하기 위해선 사회가 책임감을 갖고 가난을 적극적으로 해결하려는 의지를 보여야 합니다."

· · · ·

고교생 절반
"10억 생긴다면 감옥생활 1년 괜찮아"

2016학년도 공주대 국문학과 정시 면접고사에서 '10억을 준다면 감옥에 갈 수 있다'고 응답한 고교생에 대해 어떻게 생각하느냐는 질문이 나왔다. 여러분이라면 어떻게 대답하겠는가.

> **Q** 고교생 중 절반 이상이 '10억원을 가질 수만 있다면 범죄도 저지를 수 있다'고 생각한다는 조사 결과가 나왔다. 이에 대한 학생의 의견은?

물질만능주의를 키운 어른들에게 물었다

"돈이 많다면 우리나라가 가장 살기 좋은 나라다."라고 흔히 말합니다. 어느 선진국보다 문화가 잘 발달되어 있고, 치안도 확실하기 때문입니다. 그런데 그 말에서 '돈이 많다면'이라는 단서가 마음에 걸립니다. 이는 다시 말해, 돈이 별로 없다면 그렇게 살기 좋은 나라가 아닐 수 있다는 뜻이니까요.

확실히 지금 우리 사회는 물질만능주의에 사로잡혀 있습니다. 성공의 척도를 '월급의 두께'로, 행복의 여부를 소유한 집이나 차로 판단하기도 합니다. 문제는 이런 경향이 어른들의 세계로부터 청소년들에게까지 확장됐다는 점입니다. 최대한 사회 안에서 정당한 역할을 하며 바르게 살아야 한다고 생각해야 할 청소년들이 어릴 때부터 양심이나 정의보다는 돈을 선택하는 가치관을 따르는 어른들에게 배우고 있습니다. 이러한 결과는 어른들이 제대로 본보기를 보이지 못하고 있기 때문이 아닐까요?"

과도한 학업 경쟁 역시 정직지수를 낮춘다

"흥사단 투명사회운동본부 윤리연구센터는 매년 같은 질문의 설문조사를 하고 있습니다. 이 설문으로 정직지수를 통계 내는데요, 이곳에서는 점점 성장할수록 정직지수가 낮아진다고 평가합니다. 즉 학력이 높아지고 사회에 많이 노출될수록 정직지수가 낮아진다는 것입니다. 신문이나 텔레비전에선 나랏일을 맡은 공무원들이 공금횡령을 하고, 대기업 CEO들이 탈세를 일삼는 것이 연신 오르내리죠. 고위공직자들의 땅투기며 위장전입도 쉬지 않고 언급됩니다. 청소년들은 이제 이런 문제들에 익숙해져서, 감옥쯤은 별로 커다란 잘못도 아니라는 인식까지 생겨났습니다.

교육에서도 경쟁에서 이겨 높은 점수를 받아 좋은 대학에 가는 것이 목표가 돼버렸습니다. 친구의 숙제를 베껴서 좋은 성적을 받는 것이, 정직하게 숙제를 하지 않았다고 말하는 것보다 옳다고 여기게 되죠. 이러한 환경에서 청소년들의 정직지수가 낮게 나왔다고 개탄하는 것조차 부끄러운 일입니다. 무조건 청소년들의 도덕적 해이만을 탓해서는 안됩니다. 하지만 정직의 가치가 이대로 사라지게 해서는 안 됩니다. 어른들이 그렇다 해도, 순수한 눈으로 바라보고 정확하게 비판하는 청소년의 역할이 필요합니다."

•••

차별을 위한 역차별
소수집단 우대 정책 필요할까?

2016학년도 경희대 레오르네상스전형 면접 공통질문으로 소수집단을 우대하는 정책이 필요하냐는 질문이 나왔다. 차별을 위한 역차별에 관한 문제다. 2016년 한 해는 '여성혐오'란 키워드로 큰 이슈들이 많았다. 여성우대정책과 관련된 문제도 눈여겨보자.

> **Q** 우리나라는 여성채용할당제, 국가유공자가산점제, 여성공천할당제, 대입지역균형 등 소수집단을 우대하는 정책을 펴오고 있다. 이런 정책이 필요하다고 생각하는가?

차별에 따른 손해를 보상하는 역차별은 정당하고 필요한 것이다

"우리사회에서 성별, 학벌, 장애에 따른 차별, 비정규직, 외국인근로자에 대한 차별이 사회문제가 된 지 오래입니다. 어떤 사람들이 그 집단에 속한다는 이유로 오랫동안 차별을 받아왔다면 먼저 이 차별에 대해 인정해야 합니다. 또한 차별을 받아온 이들을 같은 출발선에 세울 것이 아니라 차별을 받은 개인이나 집단이 그동안 받아온 손해를 보상하는 것은 사회가 당연히 해야 할 일입니다. 과거의 차별이 현재의 공정하지 못한 경쟁으로 이어질 수밖에 없기 때문입니다.

그러므로 소수집단 우대 정책, 즉 차별을 해소하기 위한 역차별은 정당하고도 필요한 것입니다. 장애 자녀를 둔 가장이 있고, 미혼의 남자사원이 있다고 합시다. 수당 등을 신설해 장애 자녀를 가진 가장에게 월급을 더 준다면, 이것을 부당한 차별이라고 할 수 있을까요? 정당한 차별이냐 아니냐를 구분하는 기준은 정의의 이념과 연결됩니다. 차별 받아온 사람이 있고, 역으로 우대 받은 집단이 있다면 분배적 정의가 제대로 이루어지지 않았음을 보여주는 것입니다. 따라서 차별 받아온 사람이나 집단에게 적절한 보상을 제공하지 않으면 사회 전체적으로 봤을 때 사회 통합, 사회 화합을 이루어내기 어렵고, 이는 결국 체제 유지를 어렵게 만듭니다. 설사 역차별이 새로운 차별을 낳는다고 해도 더 큰 정의 실현을 위해 역차별은 필요하고 정당한 것입니다."

역차별 제도는 차별 철폐는커녕 새로운 불평등을 조장한다

"소수집단 우대정책으로 인한 역차별 제도들이 논란을 겪는 이유는 억울하게 차별을 당하는 선의의 피해자(희생자)가 생겨날 수밖에 없기 때문입니다. 군대를 다녀왔다는 이유로 가산점을 주면, 군대를 의무적으로 갈 기회조차 없었던 여성들은 동일한 노력에도 고용기회가 박탈당하는 억울한 상황에 처하게 되는 것입니다. 소수집단 우대 정책은 현실적으로 만일 이 제도가 없었다면 취업할 수 있었던 사람의 고용 기회를 박탈하고, 합격할 수 있었던 사람에게 불합격의 아픔을 겪게 만듭니다.

물론 소수집단 우대 정책의 취지는 좋습니다. 하지만 이런 역차별은 희생자를 발생시키고 이는 결국 악순환 고리를 만들어낼 수밖에 없습니다. 따라서 소수집단 우대 정책은 정당하고 정의로운 것으로 보기 어렵습니다. 소수 집단이 과거에 차별을 받은 부분을 보상을 해주는 것은 당연하지만, 역으로 차별을 만드는 방법이 아니라 다른 해결책을 찾아야 합니다."

정년연장,
고령화사회의 대안인가?

2016학년도 연세대 어문계열 학생부종합전형 면접에 고령화 사회를 나타내는 인구별 분포도와 청년 실업률 그래프가 제시됐다. 문제는 정년연장에 대한 지원자의 의견이었다. 아래 내용을 참고해 정년연장에 찬성과 반대 의견을 골라보자. 찬성한다면 청년 취업난을 어떻게 극복할 수 있을지 추가로 이야기해야하고, 반대한다면 노령화사회에 대한 대책을 이야기해야한다.

> **Q** 정년연장에 찬성하는가? 앞에서 제시한 그래프를 보고 정년연장에 대한 지원자의 생각을 말해보시오.

고령화사회의 도래로 정년연장의 필요성은 점차 커지고 있다

"현재 우리나라를 비롯한 세계 각국은 속속 고령화사회에 진입하고 있습니다. 더불어 부족한 제반시설 준비와 출생률 저하로 노인 부양층의 재정부담 증가, 국가 복지재정 부담 증가, 노동력 공급 감소 등의 문제 역시 속속 등장하고 있습니다. 정년연장은 이에 대한 해법입니다.

평균 수명이 연장된 고령 근로자의 이른 정년퇴직은 경제활동인구의 감소를 의미하는 것이기 때문입니다. 일자리를 잃은 다수의 고령 인구가 생길 경우 국내 소비는 침체될 것이며 지금보다 더 큰 가계 부양 부담과 복지재정 파탄이 발생할 것입니다. 당장 복지 정책을 마련하기엔 무리가 따르므로 고령 인구 스스로 자신을 부양하는 형태로 빠른 고령화사회에 대처해야 합니다. 고령화사회의 도래로 정년연장은 그 필요성이 자연히 증가하고 있으며 충분한 대안으로서 주목받고 있습니다. 정년이 연장된 고령 근로자들의 근무 태도나 기업 성과가 문제라면 임금피크제 같은 부가 제도의 도입을 고려할 수 있습니다. 임금피크제는 적정 연령에 도달하면 임금을 낮추는 대신 정년을 보장하기 때문에 조기퇴직을 막아 고령 근로자들에게 안정성을 주고 기업의 임금 부담을 덜어줄 수 있다는 장점이 있습니다."

정년연장이 고령사회를 해결할 유일한 대안인 양 부각되는 것은 옳지 않다

"세계에서 가장 빠른 고령화 진전 속도와 빈약한 사회안전망 등을 감안할 때 정년연장이 설득력 있는 대책임은 분명합니다. 그러나 정년연장을 추진 중인 다른 나라들은 이미 수십 년간 복지정책을 펴왔던 복지 선진국들입니다. 또 우리나라가 정년연장을 추진하거나 법제화한다고 해서 고령화사회의 가속화 속에 얼마나 효과를 낼 수 있을지 알 수 없습니다. 세계적인 경제위기 여파로 국내 기업들은 위태로운 상황입니다. 여기에 정년연장을 추진한다면 국가 경제의 많은 부분을 책임지고 있는 기업마저 위기에 처할 수 있습니다. 고령화사회를 살아가기 위해 우리에게 알맞은 고령화 대책이 시급한 것은 사실이지만 정년연장이 해답인지는 더 많은 논의가 필요합니다.

정년연장과 함께 임금피크제를 도입하자는 주장도 있지만 임금피크제를 도입할 경우 고령 근로자들은 점차 소외될 것이며, 워크셰어링이 이뤄지지 않기 때문에 기업의 형태는 기형적으로 변모할 것입니다. 정년 후 재고용의 기회를 주는 방안 역시 고령 근로자들에게 선별적으로 적용되는 것이라 근로자 간 경쟁을 부추길 수 있고, 기회부여에 있어서 차별이 발생할 수 있습니다. 결국 임금피크제를 통한 정년연장은 정년을 단지 늘리는 것에 불과할 뿐, 청년층의 일자리는 오히려 줄이는 '풍선효과'로 이어질 공산이 큽니다."

••••

인터넷 언어 사용,
문제 없나?

2016학년도 경희대 레오르네상스전형 면접 공통질문으로 실생활 속 인터넷 언어 사용에 찬성하는지 반대하는지 의견을 물었다. 비교적 어렵지 않은 문제다. 여러분은 인터넷 언어에 가장 익숙한 연령대이므로 인터넷 언어에 대한 자신의 경험까지 덧붙인다면 좋은 답변이 만들어질 것이다.

> **Q** 인터넷 언어가 실생활에서도 사용되고 있다. 이에 대해 찬성하는지 반대하는지 지원자의 생각을 말해보시오.

인터넷 언어는 어휘를 풍부하게 만들고 사용한다고 비판받을 일도 아니다

"인터넷 언어는 새말을 생성하거나 어휘를 풍부하게 만듭니다. 기존에는 한자 조합으로 새로운 단어가 만들어졌지만 인터넷 언어를 통해 '훈남 훈녀'와 같이 순우리말 어휘가 생겨나기도 했습니다. 또 인터넷에서 상대방의 기본정보가 없을 때 쓰는 말인 '님'이라는 호칭도 새로 만들어진 것으로, 기존에는 없던 긍정적인 어휘라고 할 수 있습니다. 무분별한 인터넷 언어 사용은 금해야겠지만 인터넷 언어를 실생활에 서도 사용하는 것이 비판받을 일은 아닙니다."

인터넷 언어는 세대를 단절시킨다

"인터넷 언어는 젊은 세대와 기성세대의 언어 차이를 격화시켜 세대를 단절시킵니다. 특히 청소년이 인터넷 언어에 주된 사용자인데, 이 시기는 어른들과의 소통으로 올바른 가치관을 형성해야 할 때입니다. 하지만 청소년이 인터넷 언어에 물들어 있다면 어른과의 소통이 어려워질 수 있습니다. 인터넷 언어가 자유롭고 창의적인 방법으로 자신의 의사를 표현할수 있다는 점은 긍정적이나, 이걸 실생활에서도 사용하는 것은 바람직하지 않습니다. 인터넷 언어의 사용을 줄이는 노력이 필요합니다."

••••

인터넷 실명제,
찬성 혹은 반대?

2016학년도 한국외대 인문계열 학생부종합전형에서 인터넷 실명제에 대한 찬성과 반대 의견을 물었다. 인터넷에서 익명성은 개인의 사생활을 보호해주고 억압적 권위로부터 박해받지 않게 해주지만 익명성에 의한 무책임성은 잘못 또는 거짓된 정보전달, 명예훼손과 인신공격 등의 역기능을 가지고 있다. 양면성을 가진 인터넷 실명제에 대한 찬반 의견과 합리적인 설명을 덧붙여 대답해보자.

> **Q** 최근 익명성에 의한 사이버윤리 문제가 대두되고 있다. 이에 대한 대책으로 인터넷 실명제가 거론되는데, 이에 대한 찬반 의견을 밝히고 그 이유를 설명하시오.

인터넷 실명제 필요하다

"인터넷에선 표현의 자유라는 명목으로 명예훼손, 허위정보유포, 인권침해와 같은 문제가 빈번하게 나타납니다. 이와 관련된 범죄는 해마다 크게 늘어나고 있는 상황이고 악성 댓글로 인해 자살을 택하는 안타까운 사례도 흔히 찾아볼 수 있습니다. 익명 게시물이나 댓글을 읽다보면 그 책임감을 전혀 찾아볼 수 없습니다. 책임 있게 할 수 있는 말이라면 실명으로 쓰지 못할 이유는 없습니다. 인터넷 실명제가 '표현의 자유'를 위축한다는 우려도 있으나 책임을 전제로 하지 않는 행위는 자유라고 할 수 없습니다. 또 신원 확인이 가능하다는 점은 인터넷 상거래 사기, 음란물 유포, 사이버 폭력, 언어 폭력 등의 사이버 범죄도 예방하는 효과를 거둘 수 있을 것입니다."

인터넷 실명제는 표현의 자유를 침해한다

"인터넷에 글을 올리기 위해 실명과 주민등록번호를 확인하는 것은 사용자들의 '표현의 자유'를 크게 위축시킵니다. 인터넷의 가장 큰 매력은 인간이 지닌 무한한 창의성과 자율성에 기초한 '표현의 자유'가 보장된다는 점입니다. 인터넷 실명제를 통해 개인의 사이버 활동이 실명으로 공개되고 기록된다면 '표현의 자유'를 침해하는 것은 물론이고 정부의 감시 체제를 정당화 시키는 명분이 됩니다. 또 익명성에 의한 표현의 자유는 사회적 약자나 소수자에게 중요한 의미가 있습니다. 인터넷에서 대중에게 익숙지 않은 자신의 생각과 사상을 자유롭게 표출하고 전파할 수 있기 때문입니다. 온라인 범죄가 우려된다면 이에 대한 제도를 강화하고 온라인 공간에서의 윤리에 대해 교육을 강화해 보완하면 됩니다."

••••

우리나라도 난민을
받아들여야 하는가?

2016학년도 국민대학교 교과생활우수자 면접고사에서 '아프리카 난민들이 위험을 무릅쓰고 지중해를 건너려는 이유와 유럽과 국제사회의 반응, 그리고 대응 방안'에 대해 물었다. 난민 이슈는 여전히 첨예하므로 2017학년도 시사면접에도 등장할 것이다. 특히 우리나라도 난민을 받아들여야 하는지 묻는 말이 예상된다.

난민에 관한 문제는 찬반 입장이 크게 대립한다. 어떤 대답을 하든 그 반대 관점에 대한 추가질문이 나올 수 있다. 난민을 받아들여야 한다고 대답한 경우, 사회통합의 어려움에 대한 추가질문을 할 수 있고, 난민을 받아들이지 말아야 한다고 대답한다면 보편적 인권에 대한 질문이 나올 수 있다.

> Q 최근 경제와 정치적 이유로 난민이 전 세계적으로 발생하고 있다. 한국을 찾는 난민도 많은데 이들을 받아들여야 하는가?

난민을 받아들여야 한다

"전쟁과 정치적 문제로 인한 난민 구제는 보편적 인권의 문제입니다. 정치적, 경제적, 문화적 이유보다 인간의 생존과 자유를 먼저 보호해야 합니다. 이는 전 지구적 공동체의 윤리이자 의무입니다. 한국 역시 마찬가지입니다. 과거 한국인도 일제 식민지 시대에 중국과 러시아 등으로 이주한 역사가 있습니다. 역지사지의 처지에서 생각해봐야 하지 않을까요?

난민을 받아들일 경우 사회통합에 어려움이 있을 거란 주장이 있습니다. 정부는 난민이 한국에 적응할 수 있도록 시스템을 마련해야 합니다. 난민과 그들의 다음 세대가 한국에 성공적으로 정착한다면 저출산 등의 한국 인구 문제를 해결할 수 있고 경제활동 인구를 확보해 경제성장의 중요한 수단이 될 수 있습니다."

난민을 받아들이지 말아야 한다

"난민을 적극적으로 받아들였던 프랑스의 경우 IS 테러 등의 피해를 겪고 있습니다. 이는 난민의 사회통합 실패로 보입니다. 난민을 수용하기 위해선 체계적이고 대규모의 지원 대책이 필요한데 아직 한국은 이를 갖추지 못하고 있습니다. 이런 상황에서 난민을 수용했다간 지역적, 계층적 갈등에 덧붙여 인종적, 종교적 갈등이 확대될 가능성이 큽니다.

난민의 인권보다 난민이 발생하게 되는 구조적 원인을 찾아 해결하는 것이 중요합니다. 난민은 전쟁, 독재정치의 탄압, 종교 분쟁 등으로 발생하는데 이런 문제가 해결될 수 있도록 국제사회의 개입과 적극적인 관심이 무엇보다 중요합니다."

③ 인성과 창의성

언론과 인터넷에 면접 후기가 많고 그 중에는 교수들의 글도 더러 있다.

1. 서울대 경제학과 교수의 회상 : 빵빵한 스펙의 소유자를 면접하는데 답변도 훌륭했다. 만점을 줘야지 생각하며 면접을 마치려는데 "입학식 날 뵙겠습니다."라는 말을 남기고 나갔다. 자기소개서를 확인해 보니 '당연히 서울대 합격해야 할 사람, 서울대에서 자기를 떨어뜨리면 손해'라는 식으로 써놓았다. 함량 미달 수험생이었다면 애교로 보였겠지만 이 경우는 '거만'으로 보였다. 면접관도 사람이다. 그 친구에게는 무엇보다 먼저 '겸손'을 배워야 한다고 충고해 주고 싶었다.

2. 서울대 언론정보학과 교수의 회상 : "친구들 중에는 공부와는 담쌓고 지낸 학생들도 많을 거다. 그 학생들의 입장에서 지난 3년간의 학창시절을 회고해 봐라." 나 아닌 다른 사람의 입장에 서서 사회관계나 사회현상을 어떻게 성찰하는지를 보고 싶었다. 그런데 우등생 입장의 답변만 나왔다. "공부 안 한 것이 후회스럽다"거나 "공부 이외의 길을 개척해야지", "친구를 많이 사귀었으니 후회는 없다." 등. 나는, "모든 걸 공부와 성적 중심으로 줄 세우는 학교가 싫었다. 그런 잣대로 학생을 평가하는 선생님들이 미웠다"처럼 '다른 사람의 처지를 이해하는 능력'을 보여주길 바랐다. 그런 답이 나왔으면 최고점을 주려고 했는데, 한 명도 없었다.

거만한 제자, 이기적인 제자를 원하는 교수는 없다. 겸손과 공감 능력도 중요한 잣대이다. 인성을 직접 평가하려는 질문도 있지만, 종종 창의성 측정 질문과 결합된다. 즉 "저는 이타적입니다"라고 답한다고 해서 높은 점수를 얻을 수 있는 것이 아니다. 대학 선발시험답게 이타성 외에 논리력, 분석력도 보여 주어야 한다. 어떤 문제가 나왔는지 살펴보자.

1. 인생관

①-1 "어떤 삶이 행복한 삶인가요?"
①-2 "한 달밖에 살 수 없다면 무엇을 할 건가요?"
①-3 "노인들께 도시락 전달하는 봉사를 계속해 왔는데, 학생부에 큰 가산점을 주는 봉사 제안이 있다면 어떻게 할 건가요?"

어떻게 대답할까?

❶-1 "어떤 삶이 행복한 삶인가요?"

논술에도 자주 출제되는 주제. 자신만의 답을 준비해 두어야 한다. 답변의 예를 살펴보자. "ⓐ'자신이 하고 싶은 것을 하는 삶'이라는 대답은 불충분합니다. ⓑ 그 논리라면 훔치는 데 성공한 도둑의 만족감도 행복으로 인정해야 하기 때문입니다. ⓒ도둑맞은 사람의 불행을 고려하면, 그것을 행복이라는 이름으로 부를 수는 없습니다. 즉 ⓓ진정한 행복이란 주관적 만족과 객관적 만족이 조화를 이룬 상태입니다."이 답변을 ⓓ-ⓐ-ⓑ-ⓒ 순으로 답해도 좋다. 이 답의 득점 포인트는 ⓑ와 ⓒ라는 근거를 들었다는 점이다. 이 외에 '정신적 만족과 물질적 만족의 조화'라는 답도 좋다.

❶-2 "한 달밖에 살 수 없다면 무엇을 할 건가요?"

①-2를 인터넷에서 검색해 보라. 재미있는 답이 많다. 비슷한 주제로 책도 나와 있다. 이 질문은 진정 자신이 원하는 것은 무언지 생각해 볼 기회를 준다. 그 과정을 통해 자신의 삶을 알차게 설계하는 데까지 이를 수 있다. 그것은 ①-1에

서 살펴본 것처럼 나의 행복이 곧 남의 행복이 되는 경지이다. 순진하게 "주색잡기에 빠지겠습니다."같은 답을 하는 사람은 없겠지. 물론 인터넷에서는 이 답변의 빈도가 매우 높다.

---

❶–3 "노인들께 도시락 전달하는 봉사를 계속해 왔는데, 학생부에 큰 가산점을 주는 봉사 제안이 있다면 어떻게 할 건가요?"

---

①–3에 대해서는 누구나 "기존의 봉사를 계속 하겠습니다."라고 답할 것이다. 따라서 이 답변만으로는 득점 불가능. '큰 가산점'을 포기할 근거가 중요하다. "가산점도 중요하지만 점수 때문에 한 번 맺은 인연을 끊을 수는 없습니다.", 혹은 "봉사를 해 보니 처음엔 시간 채우려 시작했지만 시간이 갈수록 남을 돕는 보람을 느낄 수 있었습니다. 가산점도 중요하지만 제 삶을 알차게 가꾸는 길을 택하겠습니다."같은 답이 가능하다. 여기서 중요한 점은 '큰 가산점'도 매력있음을 밝힌 솔직함이다. "대타를 구한 후에 가산점 주는 봉사를 하겠습니다."는 답은 나쁘다. 그 '대타'에게 가산점을 양보하지 않았으니까.

2. 소통과 이타심

②-1 "친구들과 갈등이 생겼을 때 어떻게 해결하나요?"
②-2 "친구들이 학생을 어떻게 평가하나요? 학교 선생님들은 학생을 어떻게 평가하나요?"

어떻게 대답할까?

❷-1 "친구들과 갈등이 생겼을 때 어떻게 해결하나요?"

②-1은 뻔한 질문이다. 답도 뻔하다. 대화, 소통, 사과, 화해 등의 단어가 떠오를 것이다. 내가 생각한 건 내 경쟁자도 생각해 낸다. 차별화 방법 중 하나는 '구체화'이다. 어떻게 대화하고 소통할 것인지를 구체화해 보자. '농구, PC방 게임, 떡볶이집, 숙제 함께하기' 등을 활용해 답하면 된다. 이 때 "그래도 안 되면?"이라는 추가 질문이 이어진다. 친구나 선배에게 중재를 부탁할 수 있다. "그래도 안 되면?" 부모님이나 선생님의 도움을 요청한다. "그래도 안 되면?" 갈등이 있는 채 지낼 수밖에 없다. 교회 다니는 학생과 절에 다니는 학생이 서로의 종교를 권하는 상상을 해 보라. 모든 갈등이 다 대화로 해결되는 것은 아니다. 여기서 중요한 것은 "그래도 안 되면?"이라는 추가 질문이 계속 이어질 수 있음을 예측하는 것이다.

❷-2 "친구들이 학생을 어떻게 평가하나요? 학교 선생님들은 학생을 어떻게 평가하나요?"

②-2는 자신을 객관화할 수 있는지를 묻는 질문이다. 자기소개서를 보면 실제

평가가 어떨지 어느 정도 짐작할 수 있다. 따라서 너무 미화하면 안 된다. 아는 대로 답하자. "잘 모르겠습니다."라는 답이 가장 나쁘다. 남 얘기를 안 듣는 것이고(소통 능력 제로) 눈치도 없는(통찰력 제로) 것임을 증명하는 것이니까.

3. 합리적 판단력

③-1 "학생이 무역회사 면접관이라면 드라마 〈미생〉의 사원 넷(제시문에 각각의 장단점이 있다.) 중에서 누구를 뽑을 건가요?"

③-2 "학생이 회사 사장인데 회사 사정상 직원을 해고해야 한다면 해고 당할 직원에게 무슨 말을 할 건가요?"

③-3 "학생이 획기적인 컴퓨터프로그램을 개발했습니다. 최대한 비싸게 팔아 큰 돈을 번 다음에 사회에 기부할 건가요, 처음부터 싸게 팔아 소비자의 부담을 줄일 건가요?"

어떻게 대답할까?

❸-1 "학생이 무역회사 면접관이라면 드라마 〈미생〉의 사원 넷(제시문에 각각의 장단점이 있다.) 중에서 누구를 뽑을 건가요?"

③-1 무역회사 직원에게 요구되는 자질과 지원자의 능력을 비교하는 것은 당연한 과정. 여기서 그쳐서는 안 된다. 인간에 대한 평가도 포함해야 한다. 즉 가치 있는 인간의 2대 조건인 '성실성과 이타성'도 살펴보아야 한다.

❸-2 "학생이 회사 사장인데 회사 사정상 직원을 해고해야 한다면 해고 당할 직원에게 무슨 말을 할 건가요?"

③-2 '회사 사정을 솔직하게 말한다, 미안한 마음을 전한다' 정도는 누구나 답할 수 있다. '다른 회사에 추천장을 써 준다'든가 '회사 사정이 나아지면 우선 복직시켜 준다'까지 나아가야 한다. 핵심은 '직원에게 해고란 엄청난 재앙'임을 아

는 공감 능력을 보여 주는 것이고, 그 재앙을 벗어나도록 돕는 행동 능력을 보여 주는 것이다.

❸-3 "학생이 획기적인 컴퓨터프로그램을 개발했습니다. 최대한 비싸게 팔아 큰 돈을 번 다음에 사회에 기부할 건가요, 처음부터 싸게 팔아 소비자의 부담을 줄일 건가요?"

③-3처럼 둘 중 하나를 고르는 질문은 대부분 각각 장단점이 있거나 공통점·차이점이 있다. 결론을 내리기 전에 그 점들을 모두 생각해야 한다. 예를 들어 보겠다.

전자는 빌 게이츠이고 후자는 양심적인 기업 사장이다. 빌 게이츠는 청소년의 대표적 성공 모델이며 큰 부를 창출했고 직원들에게 일자리를 제공했고 기부의 모범이 되었다. 그러나 빌 게이츠같은 갑부를 숭상하는 세상은 물신주의에 빠질 수밖에 없다. 양심적인 사장은 빌 게이츠보다 훨씬 많은 사람들에게 직접적인 경제적 혜택을 주었고, 돈만 섬기는 세상에 아름다운 충격을 주었다. 그렇지만 과연 이런 캐릭터가 세상에 있을까? 양심적인 사장은 비현실적이다.

둘 다 자신의 재산을 타인에게 주었다는 공통점이 있다. 빌 게이츠는 돈을 번 후에 주었고 후자는 돈을 벌기 전에 주었다는 차이가 있다.

이런 질문은 어느 쪽을 택하느냐는 중요하지 않다. 답변의 근거를 더 많이 들 수 있는 쪽을 지지하면 된다.

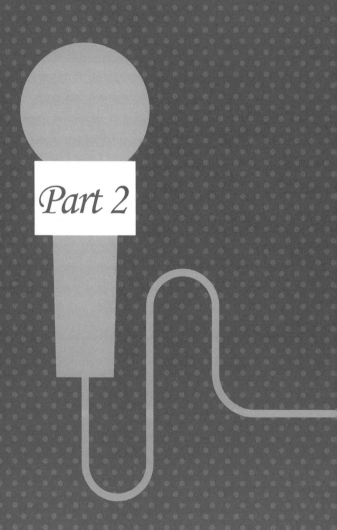

Part 2

반드시 나오는
질문 24선

1. 자기 소개를 해 보세요.

• • •

저는 훌륭한 영어 선생님이 되고 싶습니다. 어릴 때부터 영어 공부가 재미있었고, 영어 과목 성적도 좋았습니다. 거기다 친구들이 모르는 것을 물어볼 때, 설명해 주는 것이 너무 좋았습니다. 결정적으로 고등학교 1학년 때 영어 선생님이 잘 가르치시고 인품도 좋아서 저도 저런 훌륭한 선생님이 되겠다고 결심했습니다. 영어 공부와 남을 가르치는 것을 좋아하는 저에게 영어선생님은 천직이라고 생각합니다.

성실한 회사원이신 아버지와 독서를 좋아하는 주부이신 어머니께서는 외동딸인 저에게 저의 미래를 스스로 선택할 수 있도록, 단 한 번도 부모님의 뜻을 강요하신 적이 없습니다만, 독서만은 꾸준히 권하셨습니다. 그래서 저는 책을 많이 읽었고, 지금은 책 읽을 때가 즐겁습니다. 독서가 사람을 성숙하게 한다는 것을 믿으며, 앞으로 교사가 된 후에도 지금의 독서 경험이 큰 도움을 줄 거라고 생각합니다.

저의 장점은 성실하다는 점과 친구들과 두루 친하다는 것입니다. 초등학교 때부터 단 한 번의 무단 결석도 없으며, 교과 성적도 좋은 편이었습니다. 학교 숙제를 안 해 간 적도 없습니다. 또한 저는 남의 단점보다는 장점을 먼저 보는 눈이 있습니다. 그래서 사이 나쁜 친구가 거의 없습니다. 이런 저의 성격이 좋은 선생님이 되는 바탕이 되어 줄 거라고 생각합니다.

포인트 1 '나의 특성 – 지망 학과 – 장래 희망'을 연결시킨다.

포인트 2 지금의 나를 형성하는 데 영향을 준 사람들을 소개한다.

포인트 3 나의 장점과 단점을 얘기하되 장래 희망과 연계시킨다.

2. 우리 대학, 우리 학과를 지망한 동기는 무엇인가요?

• • •

제가 신문방송학과를 지원한 이유는 훌륭한 PD가 되는 것이 저의 꿈이기 때문입니다. 저는 TV의 예능 프로를 볼 때마다 여러 가지 아이디어가 번뜩이는데, 때로는 제가 PD보다 저런 프로를 더 잘 만들 수 있다는 생각이 종종 들곤 했습니다. 1학년 때 방송반에 들어가서 선생님들을 인터뷰하여 '이런 문제가 시험에 나온다'는 프로그램을 만들어 큰 인기를 얻은 적도 있습니다. 2학년 때 학교 방송부에서 부장을 맡았는데, 축제 때 여러 가지 프로그램을 진행 총괄하면서 저의 능력이 모자란다는 것을 깊이 느꼈습니다. 대학에 가서 더 체계적으로 공부해야겠다는 생각이 들어 신방과에 지원하게 되었습니다. ○○대학교를 지원한 이유는 첫째 누구나 가고 싶어하는 대학이기 때문입니다. 둘째 신방과에 김△△교수님, 이○○교수님 등 훌륭한 교수님이 많이 계시기 때문입니다. 방송부장으로서 제 능력에 회의가 들 때마다 읽었던 박○○교수님의 『커뮤니케이션의 이해』는 제게 큰 도움을 주었습니다. 또한 정△△교수님의 '디지털 미디어 원론'이라는 수업을 제가 들었다면 방송부장 역할을 더 잘 할 거라는 생각도 했습니다. 셋째 이 대학 신방과 출신의 훌륭한 선배 PD들이 많이 계시기 때문입니다. 저도 최△△PD, 윤○○PD를 키운 이 대학의 신방과에서 공부하여 선배들만큼 뛰어난 PD가 되고 싶습니다.

포인트 1 자신의 특성과 장래 희망을 지망 학과와 연계시킨다.

포인트 2 해당 학과의 교수진이나 커리큘럼 등 특성을 학과 지원 동기와 연계시킨다.

포인트 3 지망 대학에 대한 애정을 보인다.

3. 자신의 단점을 얘기해 보세요.

• • •

저의 단점은 지나치게 솔직하다는 것입니다. "정직이 가장 좋은 정책이다."라는 말을 어릴 때부터 들어왔기 때문에 거짓말을 잘 못합니다. 그래서 저를 거짓말쟁이로 보는 친구는 없습니다. 문제는 사실을 말하는 것이 때로는 남에게 상처를 줄 수 있다는 것을 잘 몰랐다는 것입니다. 학급 회의 때 "가난한 친구들은 수학여행 경비를 좀 적게 내도록 하자."는 의견을 냈다가 몇몇 친구가 내게 섭섭한 표정을 보인 적이 있습니다. 부모가 이혼한 친구에게 별 생각없이 "아빠 없어서 네 엄마가 이번 시험감독 못 오시겠구나."라고 했다가 친구에게 항의를 받은 적도 있습니다.

언제가 친한 선배가 "천재에게 '돌대가리'라고 하면 유머가 되지만, 저능아에게 그렇게 말하면 언어 폭력이 돼."라는 말을 듣고 솔직한 것이 늘 옳은 것은 아니라는 점을 깨달았습니다. 사실대로 말하는 것도 내용과 상황에 따라 옳지 않을 수 있다는 점을 잊지 않으려고 노력하고 있습니다.

포인트 1 단점을 들되, 역으로 장점이 될 수 있는 단점이 좋다.

포인트 2 단점을 고치려는 노력을 들되, 고치게 된 계기를 들면 좋다.

포인트 3 구체적인 사례를 든다.

4. 학생부를 보니 1, 2, 3학년 때의 장래 희망이 다 다른데 그 이유는 무엇인가요?

• • •

1학년 때 제 꿈은 파일럿이었습니다. 깔끔한 제복에 하늘을 날고 전 세계를 다닐 수 있다는 점이 너무나 멋있게 보였습니다. 2학년이 되면서 혼자서만 멋있는 파일럿보다는 무언가 공동체를 위해 노력하는 직업에 마음이 끌렸고 그 때 택한 직업이 경찰이었습니다. 미국드라마 〈CSI〉를 보고 과학적 근거로 범인을 찾아내는 과정에 제 마음이 사로잡혔습니다. 3학년 때 '정치' 과목을 배우면서 더 큰 꿈을 꾸게 되었습니다. 외교관이 되기로 결심을 굳힌 것입니다. 외교라는 수단이 없다면 국가간의 관계는 무력다툼으로 가득할 수밖에 없습니다. 저는 서희와 반기문을 잇는 평화의 사도가 될 것입니다.
저는 장래 희망이 여러 번 바뀐 것이 부끄럽지 않습니다. 오히려 자랑스럽습니다. 열일곱 살의 제 생각과 열아홉 살의 제 생각이, 경험이 쌓임에 따라 더 커지고 깊어지는 것은 자연스럽다고 생각합니다. 1학년 때의 파일럿이 저 혼자 멋있게 사는 직업이었다면, 2학년 때의 경찰은 우리 동네, 우리 도시를 안정되게 하는 직업이었습니다. 3학년 때의 외교관은 세계 평화를 추구하는 직업입니다. 저는 학교에서 장래 희망을 적어내라고 할 때마다 진심으로 하고 싶은 직업을 적었는데, 지금 보니까 굉장히 활동적인 직업이라는 공통점이 발견됩니다. 지금 선택한 외교관이라는 장래 희망은 정치외교학과를 지망하는 저의 마지막 선택입니다.

포인트 1 장래 희망이 바뀐 사실을 부끄러워 하지 않는다.

포인트 2 장래 희망이 바뀐 이유를 상세하게 설명한다.

포인트 3 3학년 때의 장래 희망이 최종 선택임을 밝힌다.

5. 동아리 활동을 통해서 얻은 것이 있나요?

• • •

저는 영어토론동아리와 춤동아리를 들었습니다.

영어토론동아리는 격주 1회 모여서 영어로 토론도 했지만 미국 영화나 뉴스를 자막 없이 보기도 했고 간식을 먹거나 게임을 하기도 했습니다. 그럴 때 가장 엄격한 규칙은 일단 교실에 들어오면 영어로만 말해야 한다는 것이었습니다. 그러다 보니 영어 회화가 안 되면 너무나 불편하고 답답했습니다. 제일 처음 터득한 것은 선배들의 표현을 따라하는 것이었습니다. 자주 쓰는 표현은 금세 익숙해졌지만 따로 암기하고 공부해야 실력이 더욱 탄탄해지겠다는 것을 알았습니다. 저는 영어토론동아리에서 모르는 것은 부끄러운 것이 아니라 노력하지 않는 것이 진짜 부끄러운 것임을 배웠고, 꾸준함보다 더 나은 스승은 없다는 것을 배웠습니다. 처음 더듬더듬 한두 마디 겨우 하던 제가 지금은 제법 긴 토론을 할 수 있게 되었으니까요.

춤동아리는 일 주일에 한 번 모여 여러 가지 춤을 추고, 축제 때는 시범공연을 했습니다. 춤은 사람을 밝고 건강하게 만드는 마법이라고 생각합니다. 춤을 출 때의 희열은 모든 스트레스를 날려주었고, 땀을 한바탕 흘리고 나면 몸은 피곤하지만 마음은 날아갈 것 같았습니다. 고3 때도 종종 동아리 모임에 나가서 후배들과 함께 어울리곤 했습니다. 춤동아리를 통해서 몸의 건강과 마음의 건강은 서로 떨어질 수 없는 관계라는 것을 배웠습니다.

포인트 1 동아리 활동을 통해 얻은 것은 무조건 있다.

포인트 2 동아리 활동의 세부 내용을 구체적으로 밝힌다.

6. 독서를 통해서 자신의 인생이
어떻게 달라졌나요?

• • •

초등학교 때는 위인전을 많이 읽었는데, 그들은 딴 세상에서 온 사람처럼 하나같이 굳은 의지와 뛰어난 능력을 갖추고 있어서 별로 제 가슴에 와 닿지 않았습니다. 정말 재미있었던 것은 셜록 홈즈나 루팡이 나오는 추리소설이었습니다. 또한 『삼국지』도 밤잠 안 자고 읽었습니다. 재미있었지만 한편으로 '사람을 너무 많이 죽이는구나'하는 생각이 들기도 했습니다. 중학생이 되면서 한국 단편 소설을 읽기 시작했습니다. 「운수 좋은 날」이나 「동백꽃」에는 평범하거나 소외된 사람들이 나오는데 영웅들이 나오는 소설보다 훨씬 공감이 갔습니다.

고등학생이 되면서 『당신들의 천국』, 『광장』, 『죄와 벌』 같은 장편소설을 읽기 시작했습니다. 특히 『죄와 벌』의 주인공이 자수하는 장면에서 머리에 쾅 하는 폭발음이 들렸던 것이 잊혀지지 않습니다. 이들이 왜 명작이라고 불리는지 어느 정도 알 것 같았습니다. 이들은 무엇이 옳고 그른지 끊임없이 질문을 던지는 작품이었습니다. 그리고 그 질문에 대답을 하려면 시대적 배경뿐 아니라 철학적 배경도 알아야 한다는 것을 깨달았고, 제 지식이 너무나 부족하다는 것도 알게 되었습니다. 그러나 적어도 명작들이 '어떻게 살 것인가'를 고민하게 하며, 저는 이 고민을 어느 정도 해 본 것만은 분명합니다. 독서는 저에게 생각하는 힘을 길러주었고, 이타심을 길러주었으며, 평생을 투자해도 다 못 읽을 명작이 쌓여있다는 것을 알게 해 주었습니다.

면접 시험이 끝나면 박경리의 『토지』와 빅톨 위고의 『레 미제라블』에 도전할 계획입니다.

포인트 1 읽은 책의 내용을 구체적으로 언급한다.

포인트 2 읽은 책에서 깨달은 바를 구체적으로 밝힌다.

포인트 3 지금까지의 독서가 끼친 영향을 정리해서 답한다.

7. 봉사 시간이 200시간이 넘는데, 학업과 병행하기가 힘들지 않았나요?

• • •

처음 봉사활동을 시작한 것은 담임 선생님의 강권 때문이었습니다. 1학년 때 담임 선생님께서는 대입에도 도움이 되고 보람도 느낄 수 있다며, 일 주일에 한 번씩 봉사활동을 하고 매주 월요일에 검사를 맡으라고 하셨습니다. 내키지 않았지만 시청 홈페이지를 방문해서 봉사활동 할 만한 곳을 찾았는데, 저소득층 초등학생들에게 공부를 가르치는 'ㅇㅇ학교'라는 곳을 택했습니다. 초등학생을 가르치는 일이라면 잘 할 수 있을 것 같았고 몸도 편할 거라는 생각이 들었기 때문입니다. 매주 토요일 4시간씩 수학과 영어를 가르쳤는데 한 학기만 하면 60시간을 넘길 수 있다는 계산이 섰고 다음 학기에는 봉사활동을 안 하겠다고 생각했습니다.

학생들을 가르치면서 생각이 달라졌습니다. 우선 학생들과 정이 들었습니다. 제게 배운 학생들이 몰랐던 것을 알게 되고 공부에 흥미를 갖게 되자 점점 제가 신이 났습니다. 또한 저도 가르치려니 희미하게 알던 부분도 공부를 더 해서 확실하게 알고 싶어졌습니다. 저의 영어와 수학 성적이 오른 것도 바탕이 탄탄해서였다고 생각합니다. 가르치는 일이 곧 배우는 일, 공부하는 일이라는 것을 알았습니다.

한 학기가 끝났을 때 봉사시간이 40시간을 넘겼지만 그만 두고 싶지 않았습니다. 이후 2학년 말까지 거의 매주 토요일마다 아이들을 가르쳤는데 어느 새 200시간이 훌쩍 넘어 있었습니다. 저는 봉사활동이 일방적으로 은혜를 베푸는 것이라고 생각하지 않습니다. 서로 도움을 주고 받는 것이며 제 삶을 가치있게 만들고 우리 사회를 따뜻하게 만드는 길이라고 생각합니다. 저는 대학에 진학해서도 봉사활동을 계속할 것입니다.

포인트 1 본인이 직접 봉사활동을 했음을 밝힌다.

포인트 2 봉사활동의 내용을 구체적으로 밝힌다.

포인트 3 봉사활동을 통해 얻은 내용을 밝힌다.

8. 10년 후, 20년 후, 30년 후
자신의 모습을 설명해 보세요.

• • •

저의 꿈은 훌륭한 국어선생님이 되는 것입니다. 당연히 10년 후 저는 국어선생님이 되어 있을 테지요. 이 때 저는 '공부하는 국어선생님'이 될 것입니다. 훌륭한 교사는 맡은 과목을 잘 가르치고 인격적으로 학생들에게 존중받아야 한다고 생각합니다. 저는 우선 '잘 가르치는 선생님'이 되고 싶습니다. 잘 못 가르치는 교사는 학생들이 따르지 않습니다. 늘 공부해서 학생들에게 어떻게 가르칠지를 연구하고 좋은 교재를 개발하는 선생님이 될 것입니다. 교육대학원도 진학하겠습니다.

20년 후에 저는 '소통하는 선생님'이 될 것입니다. 여기에서 소통은 학생뿐 아니라 다른 선생님과의 소통도 포함합니다. 연세가 드실수록 학생들의 마음을 몰라주는 선생님들이 더러 있습니다. 이런 선생님들이 학생들에게 얼마나 큰 상처를 주는지 저는 경험했습니다. 학생들에게 '말이 통하는 선생님'이 되고 싶습니다. 또하나는 다른 선생님들과 경험을 나누고 함께 공부하고 싶습니다. '교사 스터디 모임' 같은 것을 만들어서 수업자료도 공유하고 가르치는 방법도 서로 토론하고 싶습니다.

30년 후 저는 교장선생님이 되어 있을 것입니다. 공부를 잘 가르치는 선생님만큼이나 학교를 잘 관리하는 역할도 중요하다고 생각합니다. 2학년 때 새로 교장선생님이 오시고 나서 학교 분위기가 확 바뀐 것을 경험했습니다. 두발 단속은 느슨해지고, 급식은 좋아졌으며, 교무실에서 인터넷 게임하는 선생님이 없어져서 학생들이 좋아했습니다. 저는 모든 학생을 존중하는 학교를 만들고 싶습니다. 대입에만 초점을 맞추는 학교가 아니라, 고교 생활 자체가 보람있는 것임을 느끼게 해 주고 싶습니다.

포인트 1 자소서의 장래 희망으로부터 답변을 시작한다.

포인트 2 장래 희망이 깊이 있는 고민을 거친 결과임을 보인다.

포인트 3 막연하고 추상적인 답변을 벗어나 자신의 미래를 구체적으로 밝힌다.

9. 존경하는 인물은
누구인가요?

• • •

저는 '경영의 신'으로 불리는 마쓰시다 고노스케를 존경합니다. 장차 훌륭한 경영인이 되고자 하는 저에게 그는 제가 갈 길을 보여주었습니다. 제가 그를 존경하는 것은 세계적인 기업을 키워냈다는 점 때문만은 아닙니다. 그는 겸손했고 인간을 존중했습니다. 그의 '불황극복 수칙'은 제가 공부 슬럼프에 빠졌을 때 큰 힘이 되어주었습니다. 가난, 병약했고 초등학교를 중퇴한 그가 했다는 말의 일부는 제 머릿속에 남아서 저에게 용기를 줍니다. "하늘이 가난을 주었기에 부지런함을 얻었고, 병약함을 주었기에 건강의 소중함을 깨달았다. 충분한 교육을 받지 못할 환경을 선사해 다른 모든 사람을 스승으로 삼게 했다."

제가 존경하는 또 한 사람은 빌 게이츠입니다. 그가 천문학적 부를 쌓아서가 아니라 번 돈을 소중한 곳에 기부하고 있기 때문입니다. 그가 기부를 위해 하는 노력을 살펴보면, 이타심과 노블리스 오블리제가 내면화되어 있다는 점과, 기부하는 기쁨은 돈 버는 기쁨보다 결코 작지 않을 것임을 잘 알 수 있습니다. 저도 좋은 기업을 만들어 부자가 될 것입니다. 그러나 돈 번 것이 타인을 멸시하고 종처럼 부려도 되는 자격처럼 생각하는 부자들을 저는 싫어합니다. 저는 '인간에 대한 예의'를 아는 경영인이 되고 싶습니다.

포인트 1 존경하는 인물이 꼭 한 명이 아니어도 된다.

포인트 2 장래 희망과 결부되는 인물이 좋다.

포인트 3 진짜 존경하는 인물임을 증명하기 위해 그에 대해 잘 알고 있어야 한다.

10. 마지막으로 하고 싶은 얘기를 해 보세요.

• • •

① 아무 생각이 나지 않습니다. 얼른 집에 가서 쉬고 싶습니다.

② 꼭 합격하고 싶습니다.

③ 고맙습니다. 더 이상 드릴 말씀이 없습니다.

④ '진인사 대천명'이라는 말이 떠오릅니다. 저는 최선을 다했습니다.
   좋은 결과를 기다리겠습니다.

⑤ 아까 저의 장래 희망을 물어보셨을 때 말씀 드리지 못한 부분이 있습니다.
   지금 그 말씀을 드리고 싶습니다. 저는 ~ ~

포인트 1 마음 속에서 간절히 하고 싶은 말을 솔직하게 한다.
그러나 자신 없어하는 답변이나 반드시 합격할 것 같은
의기양양한 답변은 바람직하지 않다.

포인트 2 ①, ②, ③보다는 ④, ⑤가 낫다.

11. 학생이 교육부 장관이라면
가장 실시하고 싶은 정책은 무엇인가요?

• • •

저는 학교 급식의 질을 획기적으로 높이겠습니다. 흔히 학생들이 우리의 미래를 이끌어갈 인재라고들 하면서 급식에 만족하는 경우는 흔하지 않습니다. 급식에 대한 만족도가 높다는 아산시는 1인당 급식비 총액이 다른 도시보다 20% 높다고 합니다. 그래도 2천 몇백원에 불과합니다. 필요없는 사업에 엄청난 돈을 쓰면서 이렇게 중요한 일에 소홀하다는 것은 우리 사회의 구조에 문제가 있다는 증거입니다. 무상급식에 대한 의견 차이로 서울시장이 물러난 적도 있고, 급식비를 못 낸 학생들을 다른 학생들 앞에서 "밥을 먹지 말라"고 한 경우도 있었습니다. 어떤 초등학교의 부실 급식 논란도 충격적이었습니다.

제가 교육부 장관이라면 예산을 최대한 많이 확보하여 맛있는 급식을 제공하겠습니다. 이 시스템만 잘 갖추어도 교육부 장관으로서 제대로 업적을 남긴 거라고 생각합니다. 짜장면이나 떡볶이, 닭꼬치 등 학생들이 좋아할 만한 메뉴를 적극 개발하고, 급식 조리사의 처우도 개선하겠습니다.

독일의 학생들이 맛있는 급식 때문에 학교 생활의 만족도가 높다는 기사를 본 적이 있습니다. 우리나라 청소년의 행복도는 OECD 최저라고 합니다. 학교 급식의 질이 높아지면 청소년 행복도도 덩달아 높아질 것입니다.

포인트 1 '가장 실시하고 싶은 정책'이라고 했으므로
              하나의 정책만 제시한다.

포인트 2 결론부터 말한다.

포인트 3 구체적 예를 든다.

12. 내년 수능부터 영어 절대평가가 실시됩니다. 어떻게 생각하나요?

• • •

저는 수능 영어 절대평가에 반대합니다.

찬성하는 사람들의 첫째 이유는 사교육비 부담이 준다는 것입니다. 둘째는 학교 영어 교육을 정상화시킬 수 있다는 점을 듭니다. 입시 위주의 영어교육에서 벗어나 말하기, 쓰기, 듣기 위주의 실용적인 영어교육으로 변할 수 있는 계기가 된다는 것이지요. 셋째 국가적 차원에서 영어에 대한 과잉 투자를 피할 수 있다고 주장합니다.

그러나 영어 사교육비가 줄면 수학 등 다른 과목의 사교육비가 늘어나는 풍선효과가 예상됩니다. 무엇보다 영어실력이 연봉과 승진에 미치는 영향이 크다는 통계를 보면 수능 영어의 평가방법만 바꾼다고 해서 영어 사교육이 줄 가능성은 희박합니다.

둘째 이 방법으로는 영어공부를 수년간 해도 외국인과 의사소통을 잘 하지 못하는 결과를 바꿀 수 없기 때문입니다. 수능 영어과목의 내용은 바뀌지 않으니까요. 45문항에 5지 선다형이며 그 중 17문항이 듣기 문항이며 나머지는 읽기와 문법 중심의 문항입니다. 이 문항 형식을 그대로 둔 채 평가 방법만 바꾼다고 해서 실용적 영어교육이 될 수 있다는 것은 앞뒤가 바뀐 것입니다.

셋째 대학의 반응을 고려하지 못한 정책이기 때문입니다. 당장 전체의 1/3 정도가 2등급 이내라는 분석이 나오고 있고 대학은 이에 대응하여 정시에서의 영어 반영 비율을 줄이고 있습니다. 변별력 없는 수능시험 결과를 대학은 활용하지 않을 것이며 또다른 대응책을 내놓을 것입니다.

포인트 1 결론을 먼저 말한다.

포인트 2 찬성과 반대 의견을 모두 말한다.

포인트 3 구체적 숫자를 인용한다.

13. 국가 수사기관에서 개인의 SNS 메시지를 열람해도 된다고 생각하나요?

• • •

저는 반대합니다.

찬성론자들은 국가 안보와 사회 질서 유지를 그 이유로 듭니다. 물론 개인의 자유가 무한대로 보장될 수는 없습니다. 그러나 개인 자유의 제한은 최소한의 수준에 그쳐야 합니다. 개인 자유를 제한하는 이유가 인간다운 삶을 위한 것인데, 사생활이 감시된다면 인간다운 삶의 근본이 무너지는 것이기 때문입니다. 조지 오웰의 『1984』처럼 감시 사회가 본격적으로 도래할 것입니다.

우선 '내 카톡을 누가 열람하는가'라는 문제부터 살펴보아야 합니다. 검찰이나 경찰 같은 수사기관이겠지요. 그들을 완전히 믿을 수 있을까요? 그들도 때로 일탈합니다. 그렇다면 수사기관도 누군가가 감시해야 하겠군요. 이 감시의 고리는 끝없이 이어질 것입니다. 다음으로는 '무엇을 열람하는가'의 문제가 있습니다. 국가 안보에 꼭 필요한 사항만 열람한다고 말하겠지요. 그런데 들여다보기 전에 그것을 어떻게 알 수 있을까요? 결국 이 말은 모든 사람의 개인적 대화를 무차별 들여다 보겠다는 뜻입니다. 이것은 북한같은 곳에서나 하는 짓입니다. 또한 이것은 민주적 법규의 기본 규칙인 무죄추정의 원칙을 위반하는 것이기도 합니다.

무엇보다도 정권이나 강자가 반대 세력을 억압하는 데 악용될 가능성이 큽니다. 민간인 사찰, 기업의 노동자 감시, 개인 정보의 대량 유출 등의 사례를 보면 오히려 개인의 SNS 메시지를 더욱 보호해야 마땅합니다. 저는 남이 저의 사적 대화를 함부로 듣는 것이 싫습니다. 국가가 카톡을 열람한다면 저는 텔레그램으로 갈아타겠습니다.

포인트 1 결론을 먼저 말한다.

포인트 2 찬성과 반대 의견을 모두 말한다.

포인트 3 숫자와 고유명사 등을 활용한다.

---

14. 과정과 결과 중
어느 것이 중요합니까?

• • •

저는 과정이 더 중요하다고 생각합니다.

물론 현실에서는 결과를 더 중시한다는 것을 저도 잘 압니다. 과정이 좋아도 결과가 나쁘면 너무나 안타깝습니다. 야구에서 투수 교체를 했다가 결과가 좋으면 '신의 한 수'라고 칭송하고 나쁘면 '감독의 패착'이라고 비난합니다. 이같은 결과 우선주의가 만연하면 사기를 쳐서 돈을 벌어도 존중받는 비도덕적 사회가 됩니다. 교무실에 침입해서 시험지를 빼돌린 고교생, 하청업체를 쥐어짜서 돈을 번 재벌, 돈과 지위를 이용하여 갑질하는 사람들은 모두 결과만 중시하는 우리 사회의 부끄러운 모습들입니다.

과정을 중시하는 것이 반드시 결과까지 좋을 수는 없습니다. 그렇지만 과정을 중시하는 사회가 더 정의로운 사회입니다. 만약 밀매로 부자가 된 사람과 열심히 버스 운전을 하는 사람 중 누가 더 존중받아야 하는지는 분명합니다.

거기다 과정을 중시하는 것이 장기적으로는 결과도 좋을 가능성이 큽니다. 미국 고등학교의 수학이 너무나 쉽다는 것은 잘 알려진 사실입니다. 그래서 국제적 수학경시대회에서 우리보다 결과가 나쁩니다. 그러나 그들이 대학을 졸업했을 때 우리보다 더 나은 결과를 보인다는 것도 사실입니다.

잘 하는 선수만 혹사시키며 당장 성적만 올리는 야구 감독은 선수의 생명을 단축시켜 장기적으로 팀의 미래를 망치기 십상입니다. 반면 한걸음 한걸음 선수를 키우고 전체적인 시스템을 만들면 선수도 살고 감독도 살며 팀의 미래도 밝습니다.

포인트 1 결론부터 말한다.

포인트 2 구체적인 예를 든다.

15. 공공 장소에서 스마트폰을 무분별하게 사용하는 사람이 많습니다. 특정 공간에서 금연 구역과 같이 스마트폰 사용을 법으로 규제하는 제도에 대해 어떻게 생각하나요?

• • •

저는 반대합니다.

지금도 꼭 필요한 곳에서는 스마트폰 사용을 제한합니다. 대부분의 학교에서는 스마트폰을 사용하지 못하게 하며, 아예 등교하면 전화기를 수거했다가 집에 갈 때 돌려주기도 합니다. 운전 중에 스마트폰을 사용하는 것은 교통법규 위반입니다. 외국에서는 보행 중 스마트폰 사용을 규제하는 곳도 있다고 합니다. 이 외에 병원이나 비행기 안, 특정한 회사나 공장에서도 사용이 제한됩니다.

지금의 질문은 흡연이 간접 흡연이라는 피해를 낳듯이 공공 장소에서 시끄럽게 통화해서 남에게 피해 주는 것을 규제하자는 뜻으로 이해됩니다. 보행 중 스마트폰 사용은 피해자가 늘어난다면 규제할 필요가 있겠지만 아직 그 정도는 아니라고 생각합니다. 그러나 큰 소리로 통화하는 것까지 법으로 규제해서는 안 됩니다. 이것은 우리 사회의 시민 의식의 수준을 높여서 해결해야 할 문제입니다. 그들을 처벌할 공권력도 모자랄 뿐 아니라 모든 것을 법에 의존하려 든다면 우리 사회는 더욱 삭막해질 것입니다.

포인트 1 결론부터 말한다.

포인트 2 대안을 제시한다.

포인트 3 구체적 사례를 든다.

16. 남성에게만 병역의 의무를 부과하는 것은 양성평등에 어긋난다는 의견이 있습니다. 어떻게 생각하나요?

• • •

저는 동의하지 않습니다.

병역의 의무 하나만을 놓고 본다면 남성이 불이익을 당하고 있다는 생각을 할 만합니다. 솔직히 군대가 좋아서 가는 사람은 거의 없을 것입니다. 미래를 준비하거나 젊음을 즐길 시기에 2년 가까이 합숙하며 훈련 받는 일이 좋을 리 없습니다. 더구나 우리 군대는 종종 가혹행위로 질타를 받는 곳이기도 합니다. 대부분이 의무 복무에 대한 보상도 그리 크지 않다고 느낍니다. 결국 국민의 의무이기에 싫지만 기꺼이 가는 것이지요.

그러나 이것은 우리 사회 전체를 살펴보아야 제대로 볼 수 있는 문제입니다. 첫째 우리 사회의 성차별 정도는 OECD의 최하위 수준입니다. '유리천장'이라는 용어가 말해 주듯 직장에서 여성의 차별은 공공연한 사실입니다. 명절 후에 부부싸움이 는다는 뉴스가 말해 주는 것은 사회적으로도 여성이 차별받는 존재라는 사실입니다. 남녀 모두에게 병역 의무를 지우는 것은 이러한 차별이 훨씬 줄어든 후에나 가능한 일입니다.

무엇보다 심각한 것은 저출산으로 인한 고령화 문제입니다. 이대로 가다가는 군대는 커녕 대한민국 자체가 없어질 형편입니다. 여기에 여자도 군대를 가야 한다면 출산율은 더욱 낮아질 것입니다. 남자는 군대를 가서 나라를 지키고, 여자는 아이를 낳아 나라를 유지하고 있는 것입니다.

포인트 1 결론을 먼저 말한다.

포인트 2 찬성과 반대 의견을 모두 말한다.

포인트 3 구체적인 사례를 든다.

17. 다수결의 원리에 찬성하나요?

• • •

찬성합니다. 그러나 몇 가지 전제가 있어야 할 것 같습니다.

다수결은 장점이 많은 제도입니다. 첫째 다원화된 민주 사회에서 집단 의사를 결정할 때 가장 쉽고 빠릅니다. 둘째 각 개인의 의사가 모두 한 표로 취급되어 상호 평등한 상태에서 가능한 한 많은 사람이 자유롭지 않으면 안 된다는 평등의 이념도 구현하고 있습니다. 셋째 다수결의 원리는 다수가 소수를 절대적으로 지배하는 원리가 아니라, 다수와 소수의 의견을 고루 존중하면서 사회의 공동 의지를 창출하는 방향으로 나아가는 원리이기 때문에 사회 성원간의 이해관계나 의견을 조정하여 합의를 구할 때 소수의 판단보다는 다수의 판단에 따르는 것이 합리적이라고 봅니다.

그러나 단점도 있습니다. 첫째 소수 의견을 무시합니다. 다수가 틀리고 소수가 옳을 때도 있으며 심지어 둘 다 옳을 때도 있습니다. 둘째 구성원들이 합리적이지 못할 경우 '중우 정치'라는 비난을 받기도 한다. 따라서 표결로 가기 전에 구성원들이 대등한 입장에서, 자유롭게 토론하여 내용을 검증할 수 있어야 합니다. 표결의 승리는 내용의 정당성보다 절차적 정당성의 확보를 의미한다는 것을 잊으면 안 됩니다.

포인트 1 결론을 먼저 말한다.

포인트 2 장점과 단점을 모두 말한다.

---

18. 입시에서 소수 집단 우대 정책에 대해 어떻게 생각하나요?

● ● ●

저는 찬성합니다.

마이클 샌델의 『정의란 무엇인가』에서 이 부분을 인상 깊게 읽었습니다. 우리 나라의 경우 다문화가정의 수험생을 우대하는 제도가 여기에 해당된다고 생각합니다.

찬성론자들은 첫째 교육 여건의 격차를 바로잡고, 둘째 과거의 차별에 대한 보상을 해야 하며, 셋째 다양한 교육 체험을 제공한다는 근거를 듭니다. 즉 '시정 논리, 보상 논리, 다양성 논리'라고 정리할 수 있습니다. 반대론자들은 개인의 권리 침해를 근거로 제시합니다. 즉 성적 높은 학생이 불합격하고 성적 낮은 학생이 합격하는 현상, 역차별을 이야기합니다.

저는 이 정책에 대한 의견이 갈리는 것은 대학의 목적에 대한 의견 차이 때문이라고 생각합니다. 일부에서는 대학은 학문 연구를 하는 곳이며 따라서 성적이 우수한 자를 입학시켜야 한다고 봅니다. 일부는 성적만으로 우열을 가리는 것은 결과만 중시하는 것이며 인품이나 성실성, 사회적 여건 등을 모두 고려하여 사회적 차별을 줄이는 곳이어야 한다고 주장합니다.

저는 후자의 의견에 동의합니다. 특히 우리 사회처럼 결과 우선주의, 물신주의가 만연한 곳에서 결과만으로 학생을 선발한다면 우리 사회의 빈부격차는 더욱 심해질 것입니다. 사회적 양극화는 곧 사회적 분열로 이어집니다. 대학이 지성인을 길러내는 곳이라면 이러한 사회적 요구를 무시해서는 안 된다고 생각합니다.

포인트 1 결론을 먼저 말한다.

포인트 2 찬성과 반대 의견을 모두 말한다.

포인트 3 자신의 독서 경험 등 구체적인 사례를 든다.

19. 자신의 거주지에 혐오 시설이 들어온다면 어떻게 할 것인가요?

• • •

저는 적절한 보상을 요구할 것이며, 이것이 받아들여지지 않으면 이웃들과 함께 항의하겠습니다. 이것은 민주시민의 당연한 권리라고 생각합니다.

사람이 모여 사는 곳에 당연히 혐오 시설이 필요합니다. 그러나 그 혐오 시설이 들어온 지역은 삶의 환경이 나빠지고 집값이 떨어지는 등 피해를 입습니다. 아직도 'ㅇㅇ화장터', '△△공동묘지' 등으로 불리는 지역처럼 지역 이미지마저 나빠집니다. 다른 지역에 그 시설이 있었다면 그 피해는 그 지역의 문제였을 것입니다. 이것은 한 지역이 다른 모든 지역의 손해를 혼자 떠안았다는 의미입니다. 그렇다면 그 손해를 피한 지역이 손해 본 지역에다 보상을 해 주면 해결될 일이며, 그것은 당연히 세금으로 해결해야 합니다. 이것을 지역 이기주의라고 폄하해서는 안 됩니다. 밀양의 송전탑이나 성주의 사드를 아무도 자기 지역으로 오라고 하지 않습니다. 그러면서 그 지역의 거부를 비난하는 것이야말로 이기적인 것입니다.

문제는 어느 정도가 적절한 보상이냐는 것입니다. 지금 경주로 간 방폐장이 좋은 예가 된다고 생각합니다. 처음 정부가 주민의 의사를 충분히 반영하지 않았을 때 적극적 저항에 부딪혔다가, 여러 가지 충분한 보상책을 내 놓자 지자체들이 서로 유치하겠다고 나섰습니다. 이처럼 충분한 의사 소통을 통해 주민들과 합의해야 하며, 합의가 안 되면 서로 유치하겠다고 할 만한 혜택을 주어서 해결해야 합니다.

포인트 1 결론을 먼저 말한다.

포인트 2 반대 의견을 논박한다.

포인트 3 구체적인 사례를 든다.

---

20. 대학수학능력시험은 교육방송(EBS) 강의와 특정 비율로 연계되어 출제됩니다. 이러한 출제 방침에 대해 어떻게 생각합니까?

• • •

저는 반대합니다.

사교육비를 줄인다는 것이 이 정책의 첫째 이유입니다. 둘째는 사교육 소외계층에게 도움이 된다는 것입니다. 전체적인 사교육비가 준 것도 사실이고, 경제적 여유가 없는 학생들에게 비교적 저렴하게 수능 준비를 할 수 있게 해 준 것도 사실입니다.

그러나 장점보다 단점이 훨씬 큽니다. 첫째 교육의 본질을 훼손합니다. 학자들이 오랫동안 연구하여 마련한 교육과정을 무시하게 됩니다. EBS 교재만 달달 외우는 학생도 많은데, 특히 영어는 우리말로 된 해석본만 외우는 경우가 많습니다. 고3 교실에서 교과서로 공부하는 경우는 드물고, EBS교재만 가르치며 학교 시험 범위도 EBS교재 내에서 냅니다. 실력있는 학생을 키우려는 노력보다 원칙을 훼손해도 입시 결과만 좋으면 된다는 편법을 가르치고 있는 셈입니다.

둘째 EBS가 새로운 사교육 시장을 열고 있습니다. 'EBS 적중 강좌'나 'EBS 연계 문제집'이 잘 팔리고 있습니다. 거기다 연계되지 않는 30%를 위한 사교육은 여전히 존재합니다.

사교육은 교육 정책 한두 가지를 바꾼다고 해서 없어지지 않습니다. 대학을 졸업하지 않아도, 일류대를 나오지 않아도 인간답게 살 수 있는 사회가 되어야 사교육이 잡힐 것입니다. 그렇다면 사회 보장 제도를 강화하고 일류대와 이류대, 대졸과 고졸의 임금 격차를 줄이는 등 더욱 평등한 사회를 만들어야 합니다. 지금처럼 1%와 99%로 나뉜 사회에서는 어떤 교육 정책을 펼치더라도 그 부작용이 더 클 것입니다.

포인트 1 결론을 먼저 말한다.

포인트 2 찬성과 반대 의견을 모두 말한다.

포인트 3 구체적인 사례를 든다.

21. 알파고 신드롬에 대해
어떻게 생각하나요?

• • •

몇 가지로 나누어 생각해 볼 수 있습니다. 첫째 기계가 인간을 추월한 현상입니다. 자동차가 인간보다 빨리 달리듯 이것은 새삼스런 게 아닙니다. 기계가 발달한 만큼 인간은 더 편한 생활을 누릴 것입니다. 그러나 자동차 발달에 교통 사고와 환경 오염이라는 부정적 측면이 있듯 알파고 또한 경계해야 할 것이 있습니다. 우선 기계가 인간을 지배할지도 모른다는 것입니다. 둘째는 기계가 인간의 일자리를 빼앗을 거라는 걱정입니다. 네이버는 현대자동차와 시가 총액이 비슷하지만 직원 수는 현대차의 30분의 1에 불과합니다. 가장 큰 문제는 어떤 문제가 일어날지 아직 모른다는 점입니다.

인간의 정체성을 깊이 생각해 보는 계기가 되었다는 점도 중요합니다. 인간은 기계와 달리 감정이 있고, 예측 불가능한 행동을 하기도 합니다. 이 부분이 인간의 불완전함과 위대함이라고 생각해 왔습니다. 알파고에 진 후 이세돌 9단은 괴로운 얼굴로 복기를 하며 인간의 의지가 얼마나 감동을 줄 수 있는지 보여주었습니다. 그러나 앞으로도 이런 특성으로 인간과 기계가 구분될지는 알 수 없습니다. 신체의 일부를 기계로 대체한 사람들이 점점 많아질 것이며 대체하는 부분도 더욱 넓어질 것이기 때문에, 인간에 대한 기존의 생각을 버려야 할지도 모릅니다. 여전히 중요한 것은 인간의 마음가짐입니다. 10년 내로 인공지능의 시장 규모가 2000조에 이를 것이라는 전망이 나오고 있고 인간은 돈 되는 일이면 무엇이든 한다는 점을 고려할 때, 이 뛰어난 기계로 유토피아를 열지 디스토피아를 열지는 사람에게 달려있습니다. 우리가 인문학을 더욱 알아야 한다는 사실을 알파고를 통해 깨달아야 합니다.

포인트 1 두 가지 이상의 생각을 정리한다.

포인트 2 생각의 큰 줄기 속에 세부 내용까지 밝힌다.

---

22. 조영남이 조수에게 도움을 받아서 그림을 그렸고, 그 사실을 숨긴 채 그림을 팔았다는 이유로 사기라는 비난이 일고 있습니다. 조영남은 잘못한 것인가요?

• • •

도덕적으로 잘못한 것이지만 법적 잘못은 아니라고 생각합니다.

약 100년 전 마르셀 뒤샹은 소변기에다가 '샘'이라는 제목을 붙여 전시함으로써 현대 미술의 새로운 지평을 열었다는 평가를 받고 있습니다. 그는 기성품이 지닌 아름다움을 예술가가 인식할 능력만 있다면 작가가 직접 만들었는지 아닌지는 전혀 중요하지 않다고 주장했습니다. 즉 소변기가 얼마나 아름답냐는 것이지요. 그 아름다움만 찾아내도 예술가가 될 수 있다는 것이지요. 예술에는 예술가의 땀과 정성이 담겨 있어야 한다는 고정 관념이 이때부터 깨졌습니다. 이후 아이디어만 참신하다면 조수의 도움을 받거나 공장에서 작품을 만들어도 예술품으로 인정해 주기 시작했습니다. 이 관점을 적용하면 조영남은 법적으로 사기를 친 건 아닙니다. 그가 화투를 소재로 삼은 것은 그 자신의 참신한 아이디어이니까요. 다만 조수의 도움을 얻은 것을 감춘 것은 소비자에게 정보를 다 제공하지 않았으므로 잘 했다고 볼 수는 없습니다.

조영남에 대한 비난이 그가 직접 그리지 않았다는 데 집중되어 있는 건 초점을 잘못 잡은 것으로 보입니다. 뒤샹의 생각처럼 아이디어만 조영남의 것이라면 그 그림은 조영남의 작품입니다. 더구나 '조영남이 조수를 쓰는 것이 관행'이라고 한 말을 전체 화가에 대한 모독으로 받아들이는 것은 옳지 않습니다. 현대 미술에서는 조수를 쓰고 안 쓰고가 중요한 것이 아니며 그 말 속에는 조수를 쓰지 않는 화가에 대한 폄하가 전혀 들어 있지 않기 때문입니다. 그 말에 의의를 제기하려면 뒤샹에게 해야 마땅합니다.

포인트 1 결론부터 말한다.

포인트 2 지식을 바탕으로 답할 수밖에 없는 문제이므로 자신의 지식을 최대한 드러낸다.

23. 저출산 문제를
해결하는 길은 무엇인가요?

• • •

문제 해결을 위해서는 그 원인부터 살펴보아야 합니다. 우리나라의 저출산 문제는 자녀 양육에 대한 경제적 부담이 주된 이유이며 그 외에도 여성의 사회 참여 증가, 의료 기술의 발달, 결혼 연령 상승 및 미혼 인구 증가 등 사회, 경제적 요인과 결혼과 가족에 대한 가치관 변화 등이 복합적으로 작용하고 있습니다. 교육비 부담도 출산율 저하를 심화시키는 요인입니다. 게다가 여성의 경제 활동 참여율은 증가하고 있지만, 육아를 지원하는 시설과 서비스가 부족하여 여성이 일을 하며 아이를 기르기 어려운 환경도 출산을 피하게 되는 주요한 원인입니다. 최근에는 청년층의 취업이 어렵고 취업을 하더라도 고용 상태가 불안정한 경우가 많아 결혼과 출산을 미루거나 피하는 사례가 증가하고 있습니다. 또한 자녀를 낳아 가문의 대를 이어야 한다고 생각했던 전통적인 가치관이 점차 사라지는 것도 출산율 감소의 원인 중 하나입니다.

해법은 원인을 하나하나 살펴서 찾을 수 있습니다. 첫째 젊은 층이 결혼할 수 있도록 지원해야 합니다. 결혼 장려금을 지급하거나 젊은 층의 주택 마련이 쉽도록 임대주택 사업을 정부 주도로 강화해야 하는 등 결혼 비용을 줄일 수 있는 정책적 배려가 필요합니다. 둘째 가정과 지방자치단체, 사회가 함께 육아를 책임지는 사회로 변해야 합니다. 다시 말해, 보육 시설 확충, 출산비 지원, 육아 휴직 확대 및 자녀 교육비 지원 등을 통해 자녀를 낳고 키우는 데 어려움이 없는 환경을 만들어주어야 합니다. 셋째 출산이 공동체에 기여한다는 생각을 확산시켜야 합니다.

포인트 1 원인과 해법을 연계시킨다.

포인트 2 원인과 해법을 세부적으로 분석한다.

24. 사드 배치를 놓고 찬반 의견이 분분합니다. 여기에서 도출할 수 있는 논쟁점은 무엇인가요?

• • •

첫째 국가적 중대사를 결정하는 과정이 어떠해야 정당한가라는 논점이 있습니다. 국회에서는 국회의 비준을 받으라고 하고 정부에서는 그럴 사안이 아니라고 합니다. 국민투표에 부치자는 의견도 있습니다.

둘째 지역 이기주의와 정당한 권리 주장의 경계선은 어디인가라는 논점이 있습니다. 성주에서는 격렬히 반대하고 있는데, 일부에서는 성주의 반대를 지역 이기주의로 봅니다.

셋째 주위 강대국의 이해가 충돌할 때 우리의 적절한 대응은 어떠해야 하는가라는 논점이 있습니다. 사드가 북의 미사일을 막는 효과가 크지 않다는 점과 성주 배치로는 수도권 방어가 불가능하다는 사실이 밝혀진 지금, 결국 사드 배치는 미국과 중국의 패권 다툼의 한 과정입니다. 여기에 우리가 끼어 어느 한 쪽을 편들어야 하는 상황입니다.

넷째 북한의 위협에 어떻게 대처해야 하는가라는 논점이 있습니다. 그 동안 우리는 햇볕정책 등을 통해 북한과의 군사적 갈등을 줄이려고 노력해 왔습니다. 그러나 북한은 핵과 미사일을 개발했고 우리도 엄청난 무기를 수입하면서 이에 대응해 왔습니다. 북한을 달래야 할지 아니면 맞서서 계속 무기를 확충해야 할지 의견이 나뉘고 있습니다.

포인트 1 논쟁점만 도출하라고 했으므로 해결책까지 제시할 필요는 없다.

포인트 2 논쟁점은 반드시 2개 이상이어야 한다.

Part 3

2017
면접 일정
평가기준 및
면접방법

01 2017 면접 일정

일자	대학	전형	모집 단위	시작 시간
10. 1(토)	명지대	학생부교과	인문/자연	미정
	한양대	학생부교과	건축(인문)	14:00
10. 2(일)	한양대	학생부교과	인문/자연	09:00(경영) 14:00(경제금융, 파이낸스경영)
10. 3(월)	한양대	학생부교과	인문/자연	09:00
10. 7(금) ~ 9(일)	동덕여대	특기자	해당 모집단위	미정
10. 8(토)	한양대	글로벌인재	해당 모집단위(에세이)	14:00
10. 15(토)	동국대	어학특기자	해당 모집단위(에세이)	미정
	상명대	선택교과면접	인문/자연	미정
	아주대	과학우수인재	해당 모집단위	미정
	아주대	글로벌우수인재	해당 모집단위	미정
	아주대	외국어특기자	해당 모집단위	미정
	인하대	학생부교과	인문	미정
	서강대	알바트로스특기자	해당 모집단위	미정
	상명대	선택교과면접	인문/자연	미정
	인하대	학생부교과	자연	미정
10. 17(월) ~ 18(화)	아주대	IT국방우수인재	국방디지털융합과	미정
10. 22(토)	고려대	학교장추천	경영대. 식품자원경제,정경대 미디어학부, 자유전공	08:45
	고려대	학교장추천	문과대, 사범대(인문), 보건정책관리학부	13:45
	국민대	국민프론티어	자연, 예체능	미정

일자	대학	전형	모집 단위	시작 시간
10. 22(토)	서울여대	학생부종합	인문/자연	미정
	숭실대	SSU미래인재	인문/자연	미정
	연세대	특기자	해당 모집단위	미정
	이화여대	고교추천, 특기자	인문/자연	미정
10. 23(일)	고려대	학교장추천	이과대. 공과대	08:45
	고려대	학교장추천	생명과학대(자연), 의과대, 사범대(자연), 간호대,정보대, 보건과학대(자연)	13:45
	국민대	국민프론티어	인문 (경영대 자연계 모집단위 포함)	미정
	이화여대	고교추천, 특기자	인문/자연	미정
	한양대	글로벌인재	해당 모집단위	14:00
10. 28(금)	동덕여대	동덕창의리더	큐레이터학과	미정
10. 29(토)	가천대	가천프런티어	인문, 경영학트랙, 간호	미정
	건국대	KU자기추천	자연	09:00
	고려대	과학인재	화공생명, 신소재, 건축사회환경, 건축, 기계, 산업경영, 전기전자, 바이오의공, 바이오시스템, 보건환경융합과학	08:45
	고려대	과학인재	생명과학, 생명공학, 식품공학, 환경생태, 수학, 물리학, 화학, 지구환경과학, 의과, 수학교육, 컴퓨터, 사이버국방	13:45
	동덕여대	동덕창의리더	인문/자연	미정
	상명대	상명인재	인문/자연	미정
	아주대	아주ACE	자연과학대, 간호대, 인문	미정
	연세대	특기자 · 국제	해당 모집단위	미정
	중앙대	기회균등	인문	미정
	이화여대	미래인재	인문/자연	미정
	한국외대	특기자전형	해당 모집단위	09:00

일자	대학	전형	모집 단위	시작 시간
10. 30(일)	가천대	가천프런티어	인문, 경영학트랙, 간호	
	건국대	KU자기추천	인문	09:00
	고려대	국제인재	경영대, 영어교육, 국제학부 미디어학부, 자유전공	08:45
10. 30(일)	고려대	국제인재	정치외교, 경제, 통계, 행정, 한문, 영문, 독문, 불문, 중문 노문, 일문, 서문, 언어학	13:45
	동덕여대	동덕창의리더	인문/자연	미정
	상명대	상명인재	인문/자연	미정
	아주대	아주ACE	공과대, 정보통신대	미정
	이화여대	미래인재	인문/자연	미정
	중앙대	기초생활 · 사회통합 · 농어촌	해당 모집단위	미정
11. 5(토)	가천대	가천프런티어	자연, 경영학트랙, 간호	미정
	경기대	KGU학생부종합1	인문대, 사회과학대, 융합교양대, 공과대	미정
	숙명여대	숙명미래리더	인문	미정
	연세대	특기자 · 과학공학	해당 모집단위	미정
	이화여대	고른기회 · 인문	해당 모집단위	미정
	한국외대	학생부종합	서울 전 모집단위(일부 제외)	미정
11. 5(토) ~ 6(일)	연세대	특기자 · IT명품	해당 모집단위(1박 2일 면접)	미정
11. 6(일)	가천대	가천프런티어	자연, 간호	미정
	건국대	KU고른기회유형6	전모집단위	미정
	경기대	KGU학생부종합1	경상대, 자연과학대, 예술대, 관광대	미정
	숙명여대	숙명과학리더	자연	미정
	숙명여대	숙명글로벌인재	해당 모집단위	미정
	한국외대	학생부종합	서울: 경영 일부 글로벌: 전 모집단위	09:00

일자	대학	전형	모집 단위	시작 시간
11. 19(토)	고려대	기회균등 · 농어촌 사회공헌 · 특성화	전모집단위	08:45
		기회균등 사회배려 특수교육	전모집단위	13:45
	국민대	교과성적우수자	자연	미정
	국민대	어학특기자	해당 모집단위	미정
	동국대	DoDream	중문, 수학, 물리반도체과학, 건축공학, 가정교육	08:30
	동국대	DoDream	일문, 통계, 정치외교, 북한학, 식품산업관리, 생명과학, 바이오환경과학, 멀티미디어공학, 교육학, 역사교육, 체육교육, 영화영상	13:30
11. 19(토)	동국대	DoDream	국어국문문예창작, 법학, 경제, 미디어커뮤니케이션, 경영, 전자전기공학, 정보통신공학, 화공생물공학	미정
	서울 시립대	학생부종합	인문/자연	미정
	인하대	학생부종합	인문	미정
11. 20(일)	국민대	교과성적우수자	인문(경영대 자연 모집 포함)	미정
	국민대	어학특기자	해당 모집단위	미정
	동국대	DoDream	철학, 행정학, 사회학, 건설환경공학	08:30
	동국대	DoDream	사학, 화학, 의생명공학, 식품생명공학, 국어교육, 지리교육, 수학교육, 융합에너지신소재공학	13:30
11. 20(일)	동국대	DoDream	영문,국제통상, 광고홍보, 회계, 경영정보, 컴퓨터공학, 기계로봇에너지공학, 산업시스템공학	미정

일자	대학	전형	모집 단위	시작 시간
11. 20(일)	중앙대	특성화	지역경영	미정
	인하대	학생부종합	자연	미정
11. 25(금)	서울대	일반전형	전 모집단위 (수의과, 의과, 치의학 제외)	미정
11. 26(토)	가천대	가천의예	의예	미정
	건국대	KU고른기회	전모집단위	미정
	동국대	학교생활우수인재	국문, 사학, 일문, 수학, 화학, 국제통상, 사회학, 미디어커뮤니케이션, 식품산업관리, 경찰행정, 생명과학, 의생명공학, 식품생명공학, 건축공학, 멀티미디어공학, 가정교육, 영화영상	08:30
11. 26(토)	동국대	학교생활우수인재	영문, 중문, 철학, 통계, 물리반도체, 정치외교, 행정, 북한학, 경제, 광고홍보, 회계, 경영정보, 바이오환경과학, 컴퓨터공학, 정보통신공학, 건설환경공학, 화공생물공학, 기계로봇에너지공학, 산업시스템공학, 융합에너지신소재공학	13:30
	동국대	학교생활우수인재	법학, 경영, 전자전기공학	미정
	명지대	학생부종합	자연	미정
	서울대	일반전형	수의과, 의과, 치의학	미정
	세종대	창의인재	자연	미정
	연세대	학교생활우수자	인문/자연	미정
11. 27(일)	숙명여대	기회균등 국가보훈 국가보훈 사회기여 농어촌 · 특성화	전모집단위	미정
	서울시립대	고른기회입학	전모집단위	미정

일자	대학	전형	모집 단위	시작 시간
11. 27(일)	동국대	학교장추천	사학, 수학, 화학, 물리반도체, 법학, 정치외교, 바이오환경과학, 식품생명공학, 전자전기공학, 컴퓨터공학, 건축공학, 산업시스템공학, 멀티미디어공학, 융합에너지신소재공학	08:30
11. 27(일)	동국대	학교장추천	국어국문문예창작, 영문, 통계, 국제통상, 미디어커뮤니케이션, 식품산업관리, 광고홍보, 경찰행정, 경영정보, 생명과학, 의생명공학, 정보통신공학, 건설환경공학, 화공생물공학, 기계로봇	13:30
	동국대	학교장추천	경영, 회계	미정
	명지대	학생부종합	인문	미정
	세종대	창의인재	인문	미정
12. 2(금)	서울대	지역균형	전 모집단위 (수의과, 의과, 치의학 제외)	미정
12. 3(토)	가톨릭대	학교장추천	의예	08:00
	경희대	네오르네상스	서울: 정경대, 경영대, 호텔관광대 국제ː 공과대	09:00
	경희대	네오르네상스	서울: 문과대, 생활과학대 (식영 제외), 지리(인문), 간호(인문) 국제 : 전자정보대, 응용과학대, 생명과학대	14:00
	고려대	융합형인재	문과대, 사범대(인문), 보건정책관리학부	08:45
	고려대	융합형인재	경영대, 식품자원경제, 정경대, 미디어학부, 자유전공	13:45

일자	대학	전형	모집 단위	시작 시간
12. 3(토)	서울대	지역균형	수의과, 의과, 치의학	미정
	연세대	연세한마음 · 북한이탈	전모집단위	미정
	중앙대	다빈치형 인재	자연과학대, 공과대, 창의ICT공과대, 의학부, 간호	미정
12. 4(일)	가톨릭대	잠재능력우수자	인문/자연	08:30
	경희대	네오르네상스	국제 · 국제대, 외국어대	09:00
	경희대	네오르네상스	서울: 식품영양, 이과대, 의대, 치대, 한의대, 약학, 간호(자연)	14:00
	고려대	융합형인재	공과대, 사범대(자연)	08:45
	고려대	융합형인재	생명과학대(자연), 의과대, 이과대, 간호대, 정보대, 보건과학대(자연)	13:45
	중앙대	다빈치형 인재	인문대, 사회과학대, 사범대, 경영경제대, 생명공학대	미정
12. 10(토)	아주대	아주ACE	의학	미정

088

02 평가기준 및 면접 방법

대학	평가기준 및 면접 방법
가야대	• 지원동기, 전공관심도, 인성, 가치관, 태도 평가 • 면접위원 3명이 1~3명의 구술면접 실시
가천대 글로벌	• 일반면접(15분 내외) • 학생부와 자기소개서에 대한 질문과 기타 질문에 대한 답변을 정성적 평가기준에 따라 종합 평가 • 특성화고등을 졸업한재직자(정원외)전형의 경우 학생부에 대한 질문 불포함
가천대 메디컬	• 일반면접(15분 내외) • 학생부와 자기소개서에 대한 질문과 기타 질문에 대한 답변을 정성적 평가기준에 따라 종합 평가
가톨릭 관동대	• 학생부종합전형 : 면접관 3인이 지원자 1인 개인면접(10분 내외) 학생부와 자기소개서를 바탕으로 전공영역과 인성영역을 정성적으로 평가 • 의학전형 : 면접관 3인 이상이 지원자 1인 개인면접(15분 이상) • 그 외 전형의 경우 학생 1인을 평가위원 2인이 면접
가톨릭대	• 개인별 8분~10분 내외 • 인성 및 가치관, 전공소양, 서류내용의 진실성 및 가치
감리교신대	• 자기소개 1~2분 • 2인의 교수가 영성, 인성 등의 질문을 통하여 지원자 평가 • 면접 활용 자료 : 학생부, 추천서, 자기소개서
강남대	• 면접관(3인) 대 지원자(1인) 구술면접(15분 이내) • 학교생활기록부와 자기소개서를 바탕으로 고등학교 재학기간 전반에 대한 확인 면접 • 학생부교과(면접형) : 면접관(2인) 대 지원자(1인) 인성면접(10분 이내) 학교생활기록부를 바탕으로 고등학교 재학기간 전반에 대한 확인 면접

대학	평가 기준 및 면접 방법
강릉원주대	• 서류평가 결과 검정 및 종합 평가 • 면접을 통하여 서류진실성, 전공관심도 및 인성 등을 종합 평가 • 면접관은 전임입학사정관과 교수위촉사정관으로 구성 • 지원자의 학교생활기록부를 바탕으로 개별면접질문 도출
강릉원주대 (원주)	• 서류평가 결과 검정 및 종합 평가 • 서류진실성, 전공관심도 및 인성 등을 종합 평가 • 면접관은 전임입학사정관과 교수위촉사정관으로 구성 • 지원자의 학교생활기록부를 바탕으로 개별면접질문 도출

강원대	• 수험생 1인 대 면접위원 3인 개별 구술 면접(10분 이내)
	• 학업역량, 인성, 잠재역량 등을 평가. 사범대학의 경우
	  교직인성, 교직적성 평가
	• 미래인재, 사회배려자전형 : 수험생 1인 대 면접위원(입학사정관)
	  2인 이상 개별 구술 면접(15분 내외)
	• KNU특기자전형 : 수험생 1인당 10분 이내 개별 구술면접

강원대(삼척)	• 수험생 1인 대 면접위원 3인 개별 구술 면접(10분 이내) • 지원동기(열정, 목적의식), 학업계획(적성, 역량) • KNU특기자 : 면접위원 3인이 구술고사 실시
건국대	• 제출 서류에 기초한 개별면접, 인성을 중심으로 학교생활 충실성을 종합평가 • 서류진위여부 확인 및 인성평가

건국대
(글로컬)
	• 내용적합성(학생부, 자기소개서의 내용과 면접 내용의 일치여부),
	  인성, 전공적합성, 전공에 대한 준비도, 전공 수학능력, 발전가능성 평가
	• 일반, 특수교육대상자(정원외), 스포츠우수인재전형 :
	  면접위원 3~5인이 1명의 수험생을 심층면접

건양대	• 3~6명의 면접위원이 수험생 1~3명을 면접 • 인성, 전공적합성, 발전가능성 평가 • 군사학전형 : 면접관 4명, 인성평가관 2명이 육군 인성검사와 각 면접장 심층면접 결과를 바탕으로 합격/불합격 판정

대학	평가기준 및 면접 방법
경기대	• 지원자 1인을 다수의 면접위원이 평가하는 일대다면접. 15분 내외 • 전공적합성, 신뢰성, 의사소통능력, 인성 평가 • 작성한 자료를 토대로 3분 내외 발표 후, 서류종합평가 연계 　질의응답을 통해 종합평가
경기대(서울)	• 지원자 1인을 다수의 면접위원이 평가하는 일대다면접. 15분 내외. • 전공적합성, 신뢰성, 의사소통능력, 인성 평가 • 작성한 자료를 토대로 3분 내외 발표 후, 서류종합평가 연계 　질의응답을 통해 종합평가
경남대	• 예능우수자전형 : 전공 특성을 반영한 질의응답 및 사전 질문지, 　시연 등을 병행할 수 있음(1인당 5분이내), 면접위원 3인이 평가 • 군사학과전형 : 인성검사와 각 면접장 심층면접 결과를 바탕으로 　합격/불합격 여부를 협의해 판정, 여성의 경우 평가내용은 　동일하며, 면접위원 3명이 평가하여 그 평균점수를 반영 • 체육특기자전형 : 평가항목을 준수하여 진행되며, 해당 종목 특성을 　반영하여 질의응답(1인당 5분 이내), 사전 질문지, 시연 등을 　병행할 수 있음, 면접위원 5인이 평가하여 최고점수와 최저점수를 　제외한 면접위원 3인의 평균 점수 반영
경동대	인성 및 가치관, 창의력 · 논리력 · 표현력, 전공 학문에 대한 관심 및 적성, 학업수행능력 및 포부 평가
경북대	• 지원자 1명을 대상으로 2인의 면접위원이 실시하는 개별면접. 10분 내외 • 개인발표(2분 이내) : 지원동기 및 입학 후 학업 계획 등을 자유롭게 　발표(각종 도구 사용 불가) • 질의응답 : 제출 서류에 기재된 내용을 중심으로 질문 • 특기자전형 : 면접위원 평가 점수의 평균을 수험생의 반영점수로 함
경상대	• 면접관 3인이 지원자 1인에 대하여 10분간 질문 및 답변 • 개척인재전형 : 전임 교수 · 위촉사정관 · 전공교수 등이 3인 1조로 　편성, 지원자별 개인면접을 15분 내외 실시, 지원전공에 대한 특성과 　이해정도에 관한 질문, 1단계 평가 결과를 면접 상황에서 확인 　피면접자의 질의 · 응답 결과를 영역별 평가기준에 따라 정성적 종합평가
경성대	• 평가위원 2인 이상이 수험생 면접 • 기본소양, 소질 및 적성, 의사표현능력 등을 종합적으로 평가 • 사회적배려대상자전형 : 평가위원 2인 이상이 제출서류(학교생활기록 　부, 자기소개서)의 내용 확인과 인성 관련 공통문항 제시를 통해 　인성, 논리적 사고력, 의사소통능력을 평가

대학	평가기준 및 면접 방법
경운대	• 학생부종합전형 : 학생부와 자기소개서의 내용을 기초로 한 면접질문에 대한 평가, 입학사정관 2명이 심층면접으로 진행 잠재역량, 도덕관 및 사회적 역량, 전공적합성, 수학능력 및 수학의지 평가 • 그 외 전형은 홈페이지 참조
경인교대	• 개인면접 : 수험생이 제출한 학교생활기록부 및 자기소개서에 기재된 내용 확인 및 인성 면접(10분 내외), 교직인성, 교직적성 평가 • 집단면접 : 대학 자체 개발 면접 문항을 활용하여 다수의 수험생이 상호간의 의사소통을 통해 문제해결 및 발표(35분 내외), 창의적문제해결능력, 의사소통능력, 협동심, 리더십 평가
경일대	• 개별면접, 질의 · 응답 방식 • 인성, 사회성, 전문성 등의 평가기준에 의해 종합 평가(정성평가)
경주대	• 면접위원 2인(위원장 포함)이 수험생 1인 평가. 10분 내외 • 지원동기 및 수학계획 영역, 학과적성영역, 기타 영역 평가
경희대	• 면접관(2인) 대 지원자(1인) 개인면접. 10분 내외 • 인성(창학이념 적합도 포함), 전공적합성 평가 • 의학계열 : 30분 내외로 지원자의 가치관 및 인성을 확인하기 위한 면접 추가 시행 • 실기우수자 – 조리전형 : 특기재평가(인성면접), 서류확인 면접, 출제문항 면접(10분 내외) • 실기우수자 – 글로벌(영어)전형 : 특기재평가(영어면접), 공통 및 개별질문(10분 내외) • 실기우수자 – 체육전형 : 적성면접, 인성면접(개인면접)
계명대	• 교과, 지역인재전형 : 10분 이내(의예과는 30분 이내)로 면접관 2~3명이 수험생 개별 면접, 면접 시 지문 제시, 의예과는 인성 강화 면접(MMI: Multiple Mini – interview) 실시 • 잠재능력우수자, 고른기회전형 : 10분 이내로 면접관 2~3명이 수험생 개별 면접, 서류평가 결과 개별 확인 면접 (학교생활기록부, 자기소개서 서류 확인 면접 및 인성평가) • 특성화고등을졸업한재직자(정원외)전형 : 5분 이내로 면접관 2~3명이 수험생 개별 면접, 학교생활기록부 서류 확인 면접 및 인성면접 • 특기자어학전형 : 5분~10분 내외로 면접관 2~3명이 수험생 개별 면접(해당 언어로 질문할 수 있음), 지문면접 문항은 고사 당일 별도 제시

대학	평가기준 및 면접 방법
고려대	• 2인 이상의 면접위원 심층평가 • 본교 인재상에 부합하는 기본 역량을 갖추고 있는지 평가 • 국제인재전형 : 한국어로 진행되며 2인 이상의 면접위원이 심층평가. 단, 국제학부는 영어심층면접(영어 에세이 능력 포함) 실시 • 과학인재전형 중 사이버국방 : 신원조회, 인성검사, 신체검사, 체력검정, 군 면접평가 실시
고려대(세종)	• 2인 이상의 면접위원 심층평가 • 미래인재전형 : 개척정신과 창조적 사고력을 갖춘 미래인재로서의 발전가능성이 있는지 심층적으로 평가
고신대	• 일반면접(3:3) (의예과 면접은 추후공지) • 기본자세 및 자아실현, 적성 및 학업실천력, 전공적합성 • 지역인재전형 : 홈페이지 참조 코람데오, 대안학교전형 : • 3단계 패널별 심층면접(1:1) 패널1은 40% 비중의 인성 및 자아실현 영역, 패널2는 30% 비중의 학업실천력을 지원자가 뽑은 소주제로 자신의 의견을 발표하고 이와 관련한 질의 및 응답으로 심층면담을 실시 패널3은 30%비중의 전공적합성 영역을 전공의 계획이나 비전에 대해 심층면담을 실시해 종합적으로 평가
공주교대	• 교직관 및 교양 , 표현력, 태도 평가 • 개별면접(1인 10분 내외) : 교양 관련 면접문제 중 한 문제를 선택하여 (택1) 3분간 준비 후 선택한 문제에 대한 답변, 면접위원이 제시하는 교직관 관련 문제에 대한 답변, 2인 이상 다수의 면접위원이 종합평가 • 집단토론(1개 조 30분 내외) : 6명 내외로 조 구성, 수험생이 주어진 문제대 대한 찬반토론 형식으로 진행, 2인 이상 다수의 면접위원이 토론과정을 종합평가 • 고교성적우수자전형은 개별면접만 진행

대학	평가기준 및 면접 방법
공주대	일반학생, 기회균형선발(전형 외), 예체능우수자전형 • 3인의 면접위원이 수험생 3명을 1개 조로 집단 면접, 3명의 수험생은 평가영역별 문항번호를 하나씩 선택, 면접위원은 3명의 수험생이 선택한 3개의 문항번호에 해당하는 출제문항을 차례대로 질문, 한 문항에 대하여 3명의 수험생이 차례대로 답변하여 수험생 3명은 3개 모든 문항에 대해 답변하게 됨. 면접위원은 필요한 경우 문항 외의 추가 질문을 할 수 있음. 수험생은 면접문항의 내용을 파악하지 못한 경우에 질문을 할 수 있음. 그 외 전형 • 10~15분 이내 개별 심층면접, 면접위원 3인(입학사정관+교수)은 출제된 면접문항을 중심으로 질문하되 지원자의 답변에 따라 추가 질문을 할 수 있음. 면접위원은 제출 서류의 내용을 확인하는 질문을 할 수 있음. 지원자는 면접문항의 내용을 파악하지 못한 경우에 질문을 할 수 있음.
광신대	• 3인이상으로 구성된 면접위원이 면접자료와 면접으로 평가 • 용모, 복장, 언행, 소명감, 가정환경 등을 종합하여 평가 • 면접위원은 면접결과를 등급으로 표시 입시위원회에서 정한 등급별로 점수로 환산 • 면접등급이 F등급이면 다른전형의 점수와 관계없이 불합격처리
광운대	• 각 평가조 별 입학사정관 3인으로 구성된 평가위원이 지원자에 대하여 개별 대면 면접 방식으로 진행. 10분 이내 • 발전가능성(40%), 논리적사고력(30%), 인성(30%) 평가 • 지원자의 평가서류 사전 리딩을 통해 구성된 개인 적합 질문을 통한 종합평가(문제제시형 평가 없음) • 지원자의 평가서류에 대한 내용 진위 여부 확인
광주 가톨릭대	• 대학자체개발 문항평가 • 가톨릭교회 교리지식 및 성소관 60% +면접결과 40% • 면접위원 3인의 평가 • 3등급으로 구분

대학	평가기준 및 면접 방법
광주 과학기술원	• 개인면접. 20분 내외 • 지원자의 내적역량을 확인하고, 전공 수학능력 등을 평가 　지원자에 따라 내적역량 확인 외 수학, 과학 교과 구술면접을 실시 • 과학 교과 구술면접의 경우 지원자가 원서 접수 시 　선택한 과학(물리, 화학, 생명과학 중 택 1)과목으로 진행 • 특기자전형의 경우 지원자의 특기를 확인하고, 인ㆍ적성 및 　영재성 등을 평가
광주교대	• 개별면접 형태로 평가위원 3명이 한 팀을 구성해 수험생 1명씩 　면접하는 개별면접. • 인적성, 태도 및 서류 확인, 문제해결능력 평가 • 면접위원 3명으로 구성하여 평가 • 개인당 15분 내외(전형에 따라 면접시간이 다소 변경될 수 있음)
광주대	• 수학능력 및 지원동기, 인성, 가치관 평가 • 학생부종합, 특성화고등을졸업한재직자(정원외) 전형 : 학생부를 　기반으로 서류평가 내용 확인, 공통질문 내용은 추후 홈페이지 게시 　인성역량, 사회적역량, 지적역량 평가
광주여대	• 면접위원 2인이 수험생 개별 또는 집단면접으로 각 평가영역을 　종합하여 평가된 면접위원의 점수를 평균하여 반영함 • 인성역량, 사회적역량, 지적역량 평가
국민대	• 교과성적우수자, 공무원위탁(전형외) 전형 : 일반적인 사회 현상이나 　이슈화되는 내용에 대한 의견을 묻는 문제, 출제된 문제 열람 후 　질의응답 형식의 개별 구술 면접 • 그 외 전형 : 제출서류 확인 면접, 3인 면접관과 　개별면접 10분 내외 진행 　일반적인 사회 현상이나 이슈화되는 내용에 대한 의견을 묻는 문제, 　출제된 문제 열람 후 질의응답 형식의 개별 구술 면접
군산대	• 면접위원 2인이 평가영역별 점수부여 기준에 따라 5개 등급으로 　나누어 실점으로 평가, 평가기준별로 출제된 4문항 중 2문항씩 　면접관이 선택하여 질문, 20분 내외 개별 면접 • 인성적 자질, 잠재능력 및 발전가능성 평가 • 선취업후진학(정원외)전형 : 면접위원 2인이 평가영역별로 질문하고 　답변하는 형식의 개별면접, 수학의지, 인성, 품성 평가

대학	평가기준 및 면접 방법
극동대	• 면접위원 2~3인과 개별면접 실시 • 교양 및 일반상식, 인성 및 태도, 전공적성적합도, 논리적사고, 　표현력 및 비전
금강대	• 인성 및 태도, 논리적 사고와 창의성, 전공에 대학 목적의식 • 고등학교 교육과정 내에서 인성 문제 출제 • 5등급 평점 단위로 평가
금오공대	• 면접관 3인과 개별면접 실시 • 적성, 발전가능성, 인성 평가 • 15~20분 내외 실시
김천대	• 지원자 전원 면접대상자로 지정하여 면접 실시 • 예절 및 태도, 인성 및 가치관, 전공 기초지식, 성장가능성, 　지원동기 및 학업계획 등 종합평가
꽃동네대	• 봉사활동 모습, 인성 및 가치관, 사고력, 수학능력, 발전가능성 • 생활면접: 사회복지기관에서 봉사활동 모습을 관찰하여 평가 • 심층면접: 개별 인터뷰를 통하여 평가
나사렛대	• 면접고사 점수 반영하는 모든 모집단위 지원자를 대상으로 면접 실시 • 소명감, 지원동기, 성품(인성), 가치관, 성실성, 발표력, 태도, 　전공에 대한 이해 평가
남부대	• 항목별 점수산정 반영, 기본점수 150점 부여 • 지원동기 및 준비과정도, 학과 관심도, 인성 및 가치관, 태도 및 표현력
남서울대	• 1단계 합격자를 대상으로 시험조를 편성하여 실시 • 학교생활기록부 인성 및 전공관련 기초소양(자기관리 및 계발, 　인성, 리더십, 전공적합성)
대구 가톨릭대	• 구술면접 • 인성, 창의성, 공동체성 등 종합 평가

대학	평가기준 및 면접 방법
대구경북 과학기술원	• 그룹토의: 교육철학, 미래진로계획, 사회정의와 공익 등의 주제로 　다자간 토의 형태로 진행 • 학업역량평가: 제출서류 확인 및 수학과학 학업역량, 탐구역량, 　사회적 역량 평가 • 서류평가 결과에 따라 미래면접(그룹토의 실시), 　브레인면접(그룹토의 및 학업역량평가)로 나눠 실시 • 미래브레인특기자전형 : 발표면접(우수성입증자료에 대한 발표를 통해 　특정분야에 대한 영재성 평가), 개별면접(제출서류 확인 및 수학과학 　학업역량, 탐구역량, 사회적 역량 평가)
대구교대	• 집단면접(자체 면접문항, 3인 1조), 개별면접(1단계 서류평가 자료) 실시, 　평가위원에 의한 정성적 종합평가 • 교직능력, 교직적성, 교직인성 평가 • 서해5도(정원외)전형의 경우 개별면접 없음
대구대	• 학생부의 내용(진로희망사항, 창의적 체험활동상황, 교과학습발달상황, 　독서활동상황)과 연계하여 성취동기, 목적의식, 성장잠재력 평가, 　면접관 3인이 수험생 1~3명씩 면접 진행(질의 · 응답), 　성취동기 및 목적의식, 공통인지능력, 계열별 인지능력, 　태도 및 정서적 안정성 평가 • 교원인재전형 : 제출 서류(학생부, 자기소개서)에 대한 심층질문을 통한 　DU－HEART의 인재상을 고려하여 종합적으로 평가, 　면접관 2인이 수험생 1명씩 면접 진행(질의 · 응답), 　봉사성, 도전성, 사회성, 학교생활충실성, 안정성 평가
대구예술대	• 평가위원 3~5명이 개별면접, 질의응답식으로 진행 • 전공이해도, 지원동기 및 적성, 창의성, 의사표현능력, 인성 및 가치관 　평가
대구외대	• 지원동기, 학업능력영역, 인성영역 3가지 평가영역으로 나누어 평가 • 면접관 2명, 수험생 1명의 구술면접
대구한의대	• 인성 및 가치관, 전공적성, 면접태도, 사고력, 표현력 평가 • 면접위원의 평가점수를 평균하여 반영 • 개별면접을 원칙으로 하나, 대상인원이 많은 경우 다대다면접을 실시 • 기린인재전형 : 입학사정관이 면접위원으로 참여하며, 　면접위원의 평가점수를 평균하여 반영

대학	평가기준 및 면접 방법
대신대	• 2~3인 면접관과 1:1질의 문답형식의 구술면접 • 지원동기, 의사표현 및 태도, 고교생활 및 교회생활, 일반상식 및 수학 능력 평가
대전 가톨릭대	• 5인의 면접관이 2회에 걸쳐 실시 • 교회와 사회에 봉사할 수 있는 전인으로서 갖추어야 할 자질
대전대	• 일반전형 : 다대다 형식으로 기본소양평가와 학업적성평가의 2단계로 진행 • 혜화인재전형 : 2명의 면접관이 1명의 지원자를 대상으로 15분 이내로 진행, 면접문항은 고교 교육과정의 범위 내에서 지원자의 기본소양과 전공적합성을 묻는 2개의 공통문항이 있으며, 답변을 준비할 수 있는 면접대기시간(15분) 제공 • 군사학과전형 1면접실 : 관찰평가/질문평가/역량면접 2면접실 : 토론면접/PT면접(사전 주제 부여) 3면접실 : 역량면접, 각 면접실별로 면접위원 2인이 평가, 1면접과 2면접은 각 50점을 배점하여 평가하며, 3면접은 합/불 평가
대전신학대	기독교지도자로서의 사명감, 인성과 정신건강, 책임성과 성실성, 교회(사 회)봉사활동을 구술시험으로 평가
대진대	• 면접 문항 : 면접고사 약 2~3주 전 입학홈페이지 공개, 공개된 약 5~10문제 중 당일 면접교수가 문제 제시하면 답변 • 논리적 사고력 및 창의능력, 전공적성 능력, 인성(태도 및 가치관 포함) • 창업발명인재, 사회통합, 고른기회전형 : 2인 이상의 면접위원이 수험생 개인별로 15분 내외의 심층면접을 실시, 학업역량, 잠재역량, 인성 평가
동국대	• 제출서류를 바탕으로 평가항목에 대해 개별면접실시 • 면접위원 2인, 10분 내외 질의응답 • 전형취지적합성, 전공적합성, 발전가능성, 인성 · 사회성
동국대(경주)	• 2인 이상의 면접관이 10분 이내의 질의응답 • 인성 및 사회성, 전공적합성, 성장가능성

대학	평가기준 및 면접 방법
동덕여대	• 2인 이상의 면접관이 10분 이내의 질의응답 • 동덕창의리더전형 : 개별면접 실시, 20분 발표 준비 시간 이후 　주제발표(5분 내외)에 이은 질의응답 방식으로 총 20분 진행 　적성, 역량 심사, 창의력, 사고력, 논리적 사고력, 창의력 평가 • 고른기회전형 : 개별면접 실시하며 질의응답 방식으로 10분 내외 진행 　인성, 적성, 성장 배경, 인성, 학교생활, 전공에 대한 관심 평가 • 특성화고졸재직자전형(정원외) : 지원자의 학생부를 바탕으로 　교과 · 비교과에 대한 심층적인 평가가 실시되며 이를 위해 　학생부를 바탕으로 한 인성 · 적성 등에 대한 질문 실시
동명대	• 대학 입학전형관리위원회에서 정한 평가 항목 및 평가 척도에 의해 　대학수학능력정도를 평가함 • 그 외 인성 및 품성 평가
동서대	• 다수의 면접위원이 수험생 1~3명씩 10분 내외로 구술 평가 • 인성교양 및 전공기초 지식 • 기출문제는 홈페이지에서 확인
동신대	• 도덕적 인성, 협동적 창의성, 실용적 전문성을 학교생활기록부의 　비교과영역과 연계하여 정성적으로 종합평가 • 일반전형(학생부종합) : 면접위원 2~4명이 개별 면접 실시
동아대	• 학교생활기록부, 자기소개서에 기재된 지원자의 고등학교 　재학 기간 동안의 학업 역량 및 학교생활 우수성을 토대로 인성, 　전공적합성, 발전가능성을 종합적으로 평가, 입학사정관 2명이 　개별 심층면접 진행 • 지역균형인재전형 : 6개의 고사실에서 차례대로 진행하는 　다중미니면접방식으로 진행, 각 고사실에서 면접시작 2분전 　제시문과 질문을 읽고 5분간 면접관과의 대화를 진행, 　각 고사실 면접관은 2인이며 면접 중 탐문 질문을 포함한 질문 진행
동양대	• 평가위원 2~4명이 면접자료(학생부 비교과)를 기초로 　구술면접을 통한 종합평가 • 의사표현능력, 예절 및 태도, 전공 관심도 등 평가 • 군사학전형 : 영역별 별도고사실로 진행되며, 면접보조자료 　(학생부비교과)를 기초로 평가위원 2명의 평균점수 합산 평가

대학	평가기준 및 면접 방법
동의대	• 자기소개 및 수학계획 • 학업역량, 꿈과 끼 관련 공통문항 발표 및 질의응답 • 서류평가시 작성된 면접질문지를 활용하여 제출서류 진위 여부 검증 • 개별면접으로 실시하며 1인당 15분 이내 실시 • 입학사정관 2인이 수험생 1명을 대상으로 개별 평가
루터대	• 면접위원이 기본소양, 전공적성 평가항목에 따라 면접 실시

명지대	• 면접위원 2~3명이 개별면접 실시, 면접기초자료 작성(20분) 이후
	  면접 5분 내외 실시
	• 성실성/공동체의식, 전공잠재역량, 전공취지부합도
	• 학생부종합전형 : 10~15분 내외, 제출서류를 기반으로
	  평가항목에 따라 종합적으로 정성평가,
	  인성, 전공적합성, 발전가능성, 의사소통능력 평가

명지대(용인)	• 면접위원 2~3명이 개별면접 실시, 면접기초자료 작성(20분) 이후
	  면접 5분 내외 실시
	• 성실성/공동체의식, 전공잠재역량, 전공취지부합도
	• 학생부종합전형 : 10~15분 내외, 제출서류를 기반으로
	  평가항목에 따라 종합적으로 정성평가,
	  인성, 전공적합성, 발전가능성, 의사소통능력 평가

목원대	• 그룹면접 실시. 면접고사 5일전 지원학과별 면접문항 사전 공개 • 기초학업능력, 사고력, 잠재력, 인성과 태도 평가 • 목원사랑인재전형 : 개별면접. 사전공지된 공통면접문항을 중심으로 지원자의 역량 종합평가, 기초학업능력, 잠재력, 인성 평가
목포대	• 모집단위별로 3인의 면접위원이 평가 • 인재상 · 전공적합성 등을 종합적으로 평가

배재대	• 지역인재전형 : 다대다 면접,
	  꿈과 끼, 협력적 소통, 나눔과 섬김 항목 평가
	• SMARTPLUS배재전형 : 일대다 면접
	  나눔과 섬김 항목, 탐구 · 호기심 평가
	• 1팀당 10분 내외 실시

대학	평가기준 및 면접 방법
백석대	• 면접관 2명과 지원자 1명의 다대일 면접으로 진행 • 인성 및 태도, 시사·교양상식, 전공적성 및 비전, 문제해결능력 • 5~10분간 면접이 진행되며 구술면접을 통해 평가영역을 종합평가 • 항공서비스학과 : 면접관 3명과 학생 7명 이내의 다대다 면접 진행

부경대	• 10분 내외 개별 인성면접 평가
	• 창의인재전형 : 기본소양은 2문항 제시 후 1문항 선택하여 답변,
	  학업소양은 평가내용별로 6문항 제시 후 3문항 선택하여 답변,
	  1인당 10분간 답변 준비시간을 부여한 후 10분간 면접고사 실시
	• 모집단위별 분반이 편성될 경우 표준점수로 환산하여 면접 성적 반영
	  (사회적배려대상자전형 제외)

부산 가톨릭대	인성 및 가치관, 자기소개 및 지원동기, 학업계획 및 졸업 후 계획 평가

부산교대	• 교직적인성면접 실시, 10~15분 내외, 면접위원 2~3인이
	  학생 1인에 대해 다대일 면접 실시, 인성, 자질, 교직 적합성,
	  발전 가능성 평가
	• 초등교직적성자전형 : 집단면접(50%)+교직적인성면접(50%) 실시,
	  집단면접(면접시간 50분 내외, 조별 6인 내외로 구성해
	  개별 발표 및 상호 토론), 교직적인성면접(10~15분 내외, 면접위원
	  2~3인이 학생 1인에 대해 다대일 면접),
	  서술 및 발표능력, 논리성, 사회성

부산대	• 다수의 평가자가 면접 대상자 1인 심층 면접. 40분 내외 • 잠재적 역량은 공통문제에 대한 답변과 제출서류를 기초로 한 대면면접을 통해 평가 • 사회적 역량은 제출서류를 기초로 한 대면면접을 통해 평가
부산외대	• 자기소개 및 전공적성 등급별 평가 • 다수의 면접위원이 수험생 개별 또는 단체로 구술평가
부산장신대	• 전형별 개별면접, 집단면접, 서류면접 실시 • 인적성검사, 지원동기 및 사명감, 교양 및 상식, 기타

대학	평가기준 및 면접 방법
상명대	• 면접위원 3인이 수험생 1인 개별면접, 5~10분 실시 • 인성, 전공적합성, 발전가능성 평가 • 사범대학은 교직 적인성 포함 • 군사학전형 : 1고사(면접위원 2인이 수험생 4인 단체면접 10분 내외 실시), 2고사(면접위원 2인이 수험생 4인 단체면접, 10분 내외 실시)
상명대(천안)	• 다대일면접, 수험생 1인 5분 내외 • 인성, 성실성·의지, 전공만족도 등 평가 • 체육특기자, 군사학전형 : 다대일평가
상지대	• 면접관 2~3인이 수험생 1인 개별 면접, 면접고사일 3~4일 전 홈페이지에 사전 공개된 모집단위별 문항 중 1문항을 면접관이 선택 질문, 면접고사 당일 면접고사 평정표를 작성하여 제출해야 하며, 해당 내용과 관련하여 면접을 실시함 • 모집단위별 문항 답변, 학과 선택동기 및 학업계획 평가 • 학교생활우수자전형 : 학업역량(자기주도적 학습능력), 인성역량(사회성, 의사소통능력)을 평가, 평가위원 2인이 개별면접, 공인어학성적 및 교외 수상실적 범위 질문 금지, 공통문항 2문제 중 1개 문제 면접관 선택 질문, 개별문항은 서류 내용 중 확인 및 검증 필요 항목 질문 전공적합성, 학업역량, 인성역량 평가
서강대	• 제출서류를 바탕으로 이루어지는 일반면접 • 외국어특기자전형 : 전공적성, 학업역량, 언어구사능력 평가 • 수학과학특기자전형 : 전공적성, 수리능력, 학업능력 평가 • Art&Technology : 창의성, 문제해결능력, 다면접 사고력, 학업능력, 의사소통능력 평가
서경대	• 군사학과전형만 해당 • 5인의 면접관이 평가하되 각 소양별로 최고점과 최저점을 제외한 3인의 평가점수의 평균을 반영함 • 전공소양, 기본소양, 공통소양(외모, 신체균형, 인성, 잠재역량, 종합판정) 평가

대학	평가기준 및 면접 방법
서남대	• 대학교에 입학하여 학업을 수행하고 원만하게 대학생활을 영위할 수 있는지의 여부를 평가기준에 의거 판단하여 배점 • 인성 및 지원동기, 진로, 학과에 대한 이해도,입학 후 학습 계획, 정신질환, 지체 여부 등 평가
서남대(아산)	• 대학교에 입학하여 학업을 수행하고 원만하게 대학생활을 영위할 수 있는지의 여부를 평가기준에 의거 판단하여 배점 • 인성 및 지원동기, 진로, 학과에 대한 이해도,입학 후 학습 계획, 정신질환, 지체 여부 등 평가
서울 과학기술대	• 제출서류에 대한 확인 • 평가위원 2인 1조의 다대일 면접 • 인성, 전공적합성, 발전가능성, 종합평가
서울교대	• 복수의 면접위원이 평가기준 분야의 심층 문답을 통해 평가 • 교직인성, 교직적성, 교직교양 평가
서울기독대	• 다대일 평가 • 수험생이 문제유형을 추첨하여 진행 • 기본소양과 전공적성 등 평가
서울대	• 지원자 1명을 대상으로 하여 복수의 면접위원이 실시, 모집단위별 공동 출제 문항 활용 또는 개별 출제 문항 활용 • 사범대학은 교직 적인성 면접 실시 • 모집단위별 해당 문항 및 평가내용, 평가방법, 면접시간 등은 대학 홈페이지 모집요강 참조 • 지역균형선발 : 지원자 1명을 대상으로 하여 복수의 면접위원이 10분 내외로 실시
서울시립대	• 면접위원 2~3인이 지원자 1인을 대상으로 15분간 평가 • 면접실 입실 전 준비실에서 30분간 시간 제공 • 종합적 사고력, 문제해결능력, 의사소통능력, 공적윤리의식, 제출서류의 진실성 평가

103

대학	평가기준 및 면접 방법
서울신대	• 출제지문 없이 제출서류에 대한 일반면접 • 신학대학생으로서의 인성과 품성, 지원 분야에 대한 소명감, 　수학 기본 자질 및 적성(사범계는 교직 인성 및 적성), 　기초지식 및 사고력, 지원동기, 학업계획, 특별활동 및 봉사활동, 　인성 등 평가 • 학교생활기록부, 자기소개서, 담임목사소견서/신앙고백서 　(신학과 지원자 한함) 자료 활용 • 면접시간 10분 이내 • 지원자 1인 – 평가자 3인 이내 진행 • 일반, 기독교교육, 추천자, 글로벌어학인재전형 : 2인 이상의 교수가 　심사 담당 • 일반전형의 경우 성적으로는 반영하지 않고 합불 반영
서울여대	• 총 30분 내외, 2명의 면접관과 개별면접 • 발표면접 : 자료 검토 및 발표준비 15분, 　자료(제시문/그림/도표)에 대한 발표 3~5분, 질의응답 5~7분, 　비판적 사고력, 논리력, 인성 등 평가 • 서류확인면접 : 서류(학생부, 자기소개서) 확인 질문 5분 　서류내용의 진위 확인(해당자) 및 전공적합성, 　인성(공감적 커뮤니케이션 능력) 등 평가 • 학생부종합평가(현대미술) : 총 35분 내외, 3명의 면접관과 개별면접 　(면접 준비 : 20분(주제에 대한 간단한 스케치), 면접 : 15분 내외), 　일반면접(전공적합성 I, 전공적합성 II, 비판적 · 논리적 사고력, 　인성(공감적 커뮤니케이션 능력)) 진행 • 학생부종합평가(산업디자인) : 총 15분 내외, 3명의 면접관과 개별면접 　(면접 준비 : 없음, 면접 : 15분 내외), 일반면접 진행
서울장신대	• 구두면접(개별, 집단) • 제출서류를 토대로 서류내용과 기본적인 학업소양을 면접하며 면접결 　과는 점수에 반영되어 합격, 불합격의 자료로 사용
서원대	• 면접위원 2~3인이 수험생 1인 개별 면접 또는 　다수의 수험생 면접 실시 • 복수지원자 응시방법 : 동일학과 지원 여부와 관계없이 각 전형별로 　모두 응시(2회 실시) • 면접은 고사 1주일 전에 본교 홈페이지에 사전 공개된 모집단위별 　문항 중 기본소양 영역 3문항 중 1문항, 전공적성 영역 3문항 중 　1문항 총 2문항을 면접위원이 선택하여 질문함.

대학	평가기준 및 면접 방법
선문대	• 일반전형 Ⅰ(스포츠무도학부 제외) : 다대다면접(3인 1조)을 통해 평가기준에 따라 종합적으로 평가, 5등급 평가 • 지원동기, 입학 후 학업계획, 향후 진로계획 등을 질문, 주요 질문 사항은 면접일 10일 전에 공지, 15분~20분 내외
성결대	• 개별 구술 면접 • 면접위원 2~3명이 평가하여 2~3명 점수의 평균을 반영함 • 교육관련 일반적 이해, 인성의 건전성, 교직관/사명감, 전공수학능력, 흥미의 경향성 등 평가 (신학일반전형의 경우 신앙고백 평가) • SKU창의적인재전형 : 토론면접(1개조: 2~4명), 면접위원 3명이 평가해 3명 점서의 평균을 반영함, 자기소개서에 기재된 내용 확인 및 인성 면접
성공회대	• 수험생 1명을 2명의 평가위원이 면접 • 학과 전공관심도 (전공이해, 학습계획)와 수학능력(이해력, 논리력)을 5단계로 정성 평가
성균관대	서류(학생부, 자기소개서, 추천서, 체육활동 보고서 등)를 바탕으로 인적성 평가 진행
성신여대	• 지원자와 평가자 간 질의응답 • 지원자의 제출서류를 활용하여 인성, 전공적합성, 발전가능성의 평가항목에 대한 평가와 제출서류 관련 사실 확인으로 구성, 사범대학 지원자는 면접평가를 교직적 · 인성 면접평가로 실시 • 2인의 평가자가 종합적 · 정성적으로 평가하며 전공 관련 지식평가와 실기는 실시하지 않음. • 사범대학 지원자는 대기실에서 제시문 또는 동영상 시청을 통해 교실이나 학교생활에 대한 상황을 파악하고, 주어진 과제에 대한 답변을 준비, 그후 본 평가인 교직적 · 인성면접 장소로 이동하여 과제에 대한 답변을 평가위원에게 발표한 후 추가 질의 · 응답을 실시하여 예비교사로서의 자질을 종합적으로 판단 • 어학우수자, 예체능실적우수자전형 : 다대다 또는 다대일 (어학우수자: 한국어면접)
세명대	• 수험생 1인을 3 ~ 5분간 면접하며, 면접대기시 공개하는 본교 자체 면접문항에 의해 면접 실시 • 인성 및 태도, 지원동기, 전공적성 평가 • 세명미드필더십전형 : 수험생 1인을 15분 내외 면접, 전공적합성, 잠재성, 사회성, 성실성 평가

대학	평가기준 및 면접 방법
세종대	• 지원자 1인을 다수의 면접위원이 평가하는 일대다 면접으로 10분간 진행 (예체능특기자의 경우 5분) • 서류종합평가 연계 질의응답을 통해 제출 서류의 진실성 확인 및 지원자의 인성, 전공적합성, 발전가능성, 의사소통능력 등 평가지원자의 전공적합성, 발전가능성, 의사소통능력, 인성 등을 평가 • 면접 준비 시간동안 작성한 자료를 토대로 3~5분 발표 및 서류종합평가 연계 질의 응답 • 국방시스템공학(정원외)전형 : 홈페이지 참조 • 항공시스템공학(정원외)전형 : 총점 45점 이하이거나, 미흡 2개 또는 저열 1개 이상인 경우 불합격
세한대	• 2인으로 구성된 면접관이 면접평가내용에 의하여 평가하고, 그 결과를 전형 총점에 반영 • 인성 및 가치관, 지원동기 및 적성, 학업능력, 전공분야의 이해도 평가 사범대학, 유아교육의 경우 인성 및 가치관, 지원동기 및 적성, 전공분야의 이해도, 교직관 및 교육적 사명감 평가
송원대	• 인성/지원동기/학업계획 평가 • 면접 평가 결과에 따른 등급별 점수 부여 (9등급을 받은 면접자는 입학전형관리위원회의 재면접을 시행하며 재면접시에도 9등급을 받은경우 불합격 처리) • 홈페이지 공지사항 참조
수원 가톨릭대	• 면접위원 6명이 두 그룹으로 나누어 개별면접 실시 • 용모 및 태도, 성소에 대한 의지, 본당에서의 활동 및 신앙생활, 인성적인 면, 자기 소개서 평가
수원대	• 면접교수 2 : 학생 1 구술면접 진행 • 학업계획서(면접고사 전에 30분간 작성하여 제출) • 인성, 창의력 및 사고력, 전공 적합성, 학업계획 및 포부 등 평가
숙명여대	• 개별면접 (면접시간 : 10~15분 내외, 평가위원 2인) • 제출서류 내용에 대해 확인하고 전공적합성, 종합적 사고력, 의사소통능력 및 인성 등에 대해 종합적으로 평가할 수 있는 심층면접 실시 • 숙명글로벌인재전형 : 모집단위별로 지정된 외국어로 진행되는 외국어 면접

대학	평가기준 및 면접 방법
순천대	• 3인의 면접위원이 수험생 평가 • 개별면접, 100점(기본점수 0점) • 제출서류 진위 여부, 인성 및 의사소통능력, 지역가치실현 의지 평가 • 학생부성적우수자, 특기자전형 : 일반소양 50점(기본점수 25점), 학업의지 50점(기본점수 25점)

순천향대	• 일반학생(교과), 기초생활수급자및차상위계층(정원외),
	  농어촌학생(정원외)전형 : 교직인성 평가항목 중 1개와 교직적성
	  평가항목 중 1개를 선택하여 2인의 평가자가 정성적으로 평가
	• 일반학생(면접), 학교생활우수자, 지역인재(종합)전형 :
	  2인의 평가자가 종합적·정성적으로 평가
	  (교직 인-적성은 교직인성 평가항목 중 1와 교직적성 평가항목 중
	  1개를 선택하여 2인의 평가자가 정성적으로 평가)

숭실대	• 입학사정관 1명 포함 2명, 10분 내외
	• 전공적합성(50점), 인성(25점), 잠재력(25점) 평가
	• 예체능우수인재 - 문학전형 : 지망 동기 및 본교에 대한 이해,
	  전공분야에 대한 수학능력 및 관심, 논리적 사고와 표현,
	  리더십 및 사회성 평가
	• 예체능우수인재 - 체육/골프/축구 전형 : 지적 잠재력 및 판단력,
	  리더십 및 사회성, 자질 및 장래성, 근성 및 스포츠맨십 평가

신경대	• 면접고사는 합격·불합격 판정의 자료로만 활용하며,
	  본 대학교에 입학하여 학업을 수행하고 원만하게 대학생활을
	  영위할 수 있는지의 여부를 아래의 기준에 의거 A, B, C, D, F로
	  구분하여 판정하며 F등급자는 불합격 처리
	• 고등학교 교육과정에서의 학업 성취도, 학과에 대한 이해도,
	  입학 후 학습 계획, 정신질환/지체여부(의료법에 의한 의료인 결격사유
	  에 해당된 자) 등

신라대	• 일반고(면접), 특수교육대상자(정원외)전형 : 지원동기, 논리적 표현,
	  인성 및 예절, 학업계획 등 평가
	• 자기추천자전형 : 지원동기, 논리적 표현, 인성 및 예절,
	  학업수행 능력 등 평가

신한대	• 구술면접 진행(면접위원 2인이 수험생 1인을 평가, 5분 내외로 진행) • 기본소양과 인성 평가

대학	평가기준 및 면접 방법
아세아 연합신대	• 3~5명으로 구성된 면접위원에 의해 평가된 점수를 평균하여 배점하며, 심사위원 중 2명 이상이 면접성적 F를 부과한 경우 최종 불합격처리 • 본교의 교육이념에 합당한 자를 선발하기 위하여 면접 전에 작성하는 면접카드를 기초로 신앙생활, 인성, 지적능력을 평가
아주대	• 면접관 2인이 지원자 1인을 평가하며, 지원자 1인당 면접시간은 10분 내외. • 서류진실성, 전공적합성, 인성 및 의사소통능력(외국어 활용능력 포함) 등을 종합적으로 평가함(외국어특기자전형의 특성상 면접은 한국어와 모집단위별 외국어를 병행해 진행함) • 아주ACE(일반)전형 : 복수의 면접관이 지원자 1인을 평가하며, 지원자 1인당 면접시간은 10~20분임 • 체육우수인재-축구전형 : 지원자의 학교생활기록부 (또는 이에 준하는 서류), 체육특기자전형 심사조서, 개인경기기록부, 체력검진결과 등을 바탕으로 개별면접질문 도출 • 국방IT우수인재1(정원외)전형 : 지원자의 학교생활기록부와 자기소개서 및 기타 제출서류를 바탕으로 개별면접질문 도출
안동대	• 평가위원 3명이 평가내용을 구술문답식으로 평가함 • 점수반영은 3명의 평가위원이 평가한 점수를 합산-평균하여 반영함 • 인성및사회성(25%), 발전가능성(25%), 전공적합성(25%), 기초수학능력(25%) 평가 • 사범대학은 인성·적성면접 실시 • ANU미래인재, 농어촌학생(정원외)전형 : 평가점수가 50%이하 (500점 중 250점)인 경우, 불합격 처리함. 개인특성영역(인성및사회성(25%), 발전가능성(25%)), 학업수행영역(전공적합성(25%), 기초수학능력(25%)) 평가
안양대	• 1인당 5분 내외 • 지원자 1인을 다수의 면접위원(2인)이 면접하며 면접위원의 질문에 지원자가 답변하는 형식 • 면접전형 : 면접자료(면접카드 및 입학원서)를 참고해 2명의 면접위원이 종합적으로 구술평가한 후 평균함 • 전공소양, 일반소양, 기타(교양, 태도 및 표현력) 평가 신학, 기독교교육의 경우 필수영역(건전한 교회, 신앙생활여부), 신앙심 및 성경 인식 능력 평가

대학	평가기준 및 면접 방법
안양대(강화)	• 1인당 5분 내외 • 면접자료(면접카드 및 입학원서)를 참고하여 2명의 면접위원이 종합적으로 구술평가한 후 평균함 • 전공소양, 일반소양, 기타(교양, 태도 및 표현력) 평가
연세대	• 다수의 면접위원에 의한 평가 • 고교 교육과정을 충실히 이수한 교양인으로서의 자질을 확인하기 위한 면접으로 서 논리적 사고력 및 의사소통능력 등을 평가 • 특기자 · IT명품인재 : 수험생의 창의성과 우수성을 평가할 수 있는 두 가지 형태의 면접을 진행
연세대(원주)	• 평가위원 2~3명이 개별 면접 • 인성가치관 및 계열별 역량을 평가 • 연세인재-특기인재: 대학수학에 필요한 인문 · 사회학적(인문) 또는 수학 · 과학적(자연/의예) 사고능력 및 인성가치관을 평가 • 연세인재 · EIC : 인성면접과 전공면접을 영어로 실시 (지원자가 원할 경우 전공면접은 한국어로 진행할 수 있음) • 연세인재 · 글로벌엘리트학부 : 인성면접과 전공면접을 한국어 또는 영어로 실시함(지원자가 언어 선택)
영남대	• 면접절차 : 대기실 입실 → 인 · 적성 자기기술서 작성 (면접고사 참고자료로 활용) → 면접고사 • 면접방법 : 면접위원 2~3인이 각 평가영역을 종합적으로 평가하여 면접위원들의 점수를 평균함 • 목표의식, 수학계획, 인성 · 가치관, 사고력 · 표현력(사범대학 교직적 · 인성) 등 평가 • 공군조종장학생전형 : 배점기준(우수, 양호, 보통, 미흡, 저열) 총점 45점 이하이거나, 미흡 2개 또는 저열 1개 이상일 경우 불합격 처리 • 육군군장학생전형 : 면접고사 평가내용 및 배점표에 따라 평가
영남신대	• 입학원서, 자기소개서, 담임목사소견서 등을 이용한 개별면접 • 인성과 성품, 교양 및 상식, 신앙경력 및 성경이해, 지원동기 및 소명감, 기타
영동대	• 다대다 구술면접 • 인성(도덕성 · 사회성), 가치관 및 자아관, 학업동기 · 의지, 기초평가 등 종합적으로 평가

대학	평가기준 및 면접 방법
영산대	• 면접고사는 10분 내외로 진행되며, 구술평가를 하는 것을 원칙으로 함 다수(3명·5명)의 면접관이 1명 또는 다수의 수험생들에게 질의 응답식으로 실시됨 • 지원동기/전공 적합성, 논리성/표현력/창의성, 인성/예절/가치관, 기타 학업성취능력/잠재력
영산대(부산)	• 면접고사는 10분 내외로 진행되며, 구술평가를 하는 것을 원칙으로 함 다수(3명·5명)의 면접관이 1명 또는 다수의 수험생들에게 질의 응답식으로 실시됨 • 지원동기/전공 적합성, 논리성/표현력/창의성, 인성/예절/가치관, 기타 학업성취능력/잠재력
영산선학대	• 자체 개발한 문항으로 면접위원 2~3인이 한 팀으로 구성되어 우리 대학 면접기준에 의거하여 평가 • 지원동기/전공 적합성, 논리성/표현력/창의성, 인성/예절/가치관, 기타 학업성취 능력/잠재력 • 원불교 예비성직자로서 갖추어야 할 정신, 학습, 생활면을 종합적으로 평가
예수대	• 3인 1조 면접 • 인성·가치관(100점), 잠재능력 및 발전가능성(100점), 전공적성(100점)
예원예술대	• 모집단위별 3인 이상 면접위원 실시 • 정원외 특별전형은 모집단위 관계없이 전형별실시 • 면접성적은 면접위원들의 성적을 합산한 후 평균을 산출 • 학과 지원동기 및 장래포부, 전공적성 및 소질, 인성 및 가치관, 창의력과 창의적사고, 의사표현력
용인대	• 군사학과 : 인성검사(최고A~최저E) E 미만자, 불참자는 불합격 처리, 4면접장은 육군 인성검사 결과와 심층면접으로 합격/불합격 판정, 종합판정으로 각 대학교 학군단장 주관하 각 시험장 면접관과 토의식 진행 • 체육우수자전형 : 수험번호 순으로 면접고사장으로 이동, 면접고사 문제함에서 1문제씩 수험생 본인이 뽑아 면접평가위원 앞에서 수험생 본인이 구술로 답함, 인성/적성, 전문성 및 수학능력 평가

대학	평가기준 및 면접 방법
우석대	<ul><li>2~3인으로 구성된 면접위원이 면접 평가지침에 의한 면접</li><li>전공적합성, 학업의지, 진로계획의 구체성, 자기극복 의지(문제해결능력), 봉사정신 및 성실성 평가</li></ul>
우석대(진천)	<ul><li>2~3인으로 구성된 면접위원이 면접 평가지침에 의한 면접</li><li>전공적합성, 학업의지, 진로계획의 구체성, 자기극복 의지(문제해결능력), 봉사정신 및 성실성 평가</li></ul>
우송대	<ul><li>2 :1 개별면접</li><li>인성 및 품행, 사회성, 지원학과에 대한 이해도, 문제 해결 능력 평가</li><li>심층면접 : 자기 교육목표, 도전정신, 열정, 리더쉽등 다양한 잠재력을 면접관 질문으로 평가</li></ul>
울산 과학기술원	<ul><li>지원자 1인을 대상으로 면접위원 2~3인이 20분 내외로 실시</li><li>제출서류내용 확인과 지원계열에 대한 관심 및 발전가능성, 인성 및 대인관계 등을 평가</li><li>창업인재전형 : 집단토론면접 5명 내외의 지원자들이 주어진 소재(주제)에 대하여 토론을 하고, 다수의 면접위원은 토론시간(40분 내외) 동안 지원자들을 관찰), 지원전형과의 적합성, 의사소통능력 등을 평가 개별면접(지원자 1인을 대상으로 면접위원 2인이 15분 내외로 실시, 제출서류내용 확인과 지원계열에 대한 관심 및 발전가능성, 인성 및 대인관계 등을 평가</li></ul>
울산대	<ul><li>면접관 3명, 지원자 1명의 개인별 일반면접, 면접시간 : 5분 이내</li><li>학생부종합, 국가보훈대상자전형 : 학업성실성, 책임감/봉사정신 (서류 확인 질문 5분 내외), 창의력/리더십(공통질문 제시 후 3 · 5분 답변(필요시 추가질의 포함) 제출서류를 근거로 한 면접관 3 : 지원자 1의 개인별 종합면접(10분 이내)</li></ul>
원광대	<ul><li>학생부종합전형 : 개별 심층면접, 제출된 서류를 토대로 기본적인 인성 및 가치관, 의사소통능력, 발전가능성 등을 평가</li><li>특기자전형(체육) : 개별 구술면접, 인성 및 가치관 평가</li><li>일반전형(군사) : 인성검사 결과 E판정자, 미참석자는 불합격 처리, 4시험장은 육군 인성검사 결과와 심층면접으로 합격 · 불합격 판정, 종합판정으로 각 대학교 학군단장 주관하 각 시험장 면접관과 토의식 진행</li></ul>

대학	평가기준 및 면접 방법
위덕대	• 직접면담을 통해 평가항목의 구술 답변 • 인성 및 가치관, 학업능력, 의사표현력으로 평가

을지대(성남)	• 면접형태 : 일반구술면접, 주제발표
	• 활용자료 : 자기소개서 및 추천서
	• 입학사정관 등이 참여해 학생부위주(종합) 면접으로 진행
	• 특성화고등을졸업한재직자(정원외)전형 : 자기소개서를 활용한
	  일반구술면접으로 면접관 등이 참여하여 인성 및 태도,
	  전형에 대한 전공적합성 등을 평가

이화여대	• 다수의 면접위원에 의한 평가
	• 제출 서류에 기반하여 인성, 자기주도성, 전공 잠재력 및 발전가능성
	  등을 종합 적으로 평가
	• 어학특기자 : 학업능력, 외국어(영어 또는 제2외국어) 능력 및
	  성장잠재력 등을 종합적으로 심층평가
	• 수학과학특기자 : 학업능력, 수학 또는 과학 능력 및
	  성장잠재력 등을 종합적으로 심층평가
	• 국제학특기자 : 학업능력, 영어 능력 및 성장잠재력 등을
	  종합적으로 심층평가(영어면접)
	• 체육특기자 : 체육 특기자로서의 자질, 역량 및 성장잠재력 등을
	  종합적으로 평가
	• 예체능서류 : 제출 서류에 기반하여 인성, 자기주도성, 전공 잠재력 및
	  발전가능성 등을 종합적으로 평가

인제대	• 다대다면접
	• 지원자의 면접태도, 가치관, 사고력, 표현력 등을 통해
	  지원자의 인품 및 기초소양을 평가, 의예모집단위의 경우
	  좋은 의사로 성장할 수 있는 잠재력이 있는 학생을 선발하기 위해
	  인성면접을 실시
	• 인문계고교출신자·의예, 지역인재·의예, 농어촌학생(정원외)·
	  의예 전형 : 6개의 방에서 차례로 진행하는 다중미니면접방식
	  면접시작 2분전에 제시문과 질문을 읽고 자기의 생각을 정리한 후,
	  8분간 대화를 통해 면접관에게 자신의 의사를 전달
	  면접관은 2인 이상이며 면접 중에 수험생에 맞추어 탐사질문 실시
	• 자기추천자전형 : 홈페이지 참조

대학	평가기준 및 면접 방법

인천
가톨릭대
	• 면접유형 : 면접위원 3인 및 수험생 3~5인
	• 면접시간 : 15분 내외
	• 인성, 대학의인재상, 전공적합성, 지원학과에 대한 관심도, 표현력,
	  태도 등 평가
	• 가톨릭교회지도자추천, 국가보훈대상자, 대학수료자 전형 :
	  구술면접 및 교리상식 필답면접
	  구술면접 : 면접위원 8인 + 수험생 1인
	  (10분 내외, 평가영역에 대한 종합적 평가)

인천대	• 면접위원 3인이 영역별로 평가하고 3인의 점수를 합산 후
	  평균점 부여
	• 일반영역 50% + 전공영역 50%
	• 자기추천, 고른기회대상자, 사회적배려대상자 : 학생부와 자기소개서를
	  바탕으로 질문하며, 서류 재확인 절차를 통해 지원자의 인성역량 및
	  전공역량을 평가요소에 따라 평가
	• 특기자전형 : 포트폴리오를 포함하여 평가하므로 면접 시 작품
	  포트폴리오를 반드시 지참

인하대	• 학생부종합, 학생부교과전형 : 평가기준에 따라 2~3인의 면접위원이
	  제출서류를 바탕으로 개별면접 실시
	• 서류내용의 진위여부 및 지원자의 인성파악을 위한 서류기반 면접과
	  지원전공(계열) 인재상에 근거한 핵심역량을 평가
	• 체육특기자전형 : 3인의 심사위원이 면접평가 실시
	• 연예예술특기자전형 : 5인의 심사위원이 면접평가 실시
	• 특기자전형의 경우 자기이해 및 가치관, 전공에 대한 관심 및
	  발전가능성, 전공에 대한 기본소양 등 평가

장로회신대	• 면접위원 2~3명, 구술면접, 개인별 약 5~10분 • 지원동기 및 성품, 신앙생활과 교회활동, 수학능력 자질 평가 • 일반학생전형 · 교회음악 : 면접 불참시 실기고사 전형불가

대학	평가기준 및 면접 방법
전남대	• 서류평가를 담당한 평가자 3인이 지원자 1인에 대하여 학교생활기록부의 기록을 토대로 작성한 면접질문지를 활용해 전형별 평가요소에 따라 20분 이내 면접 실시 • 학생부(교과, 비교과) 내용 중 활동의 충실성과 진정성 확인 • 학생부교과–일반, 지역인재전형 : 인성 계발역량(30%), 전공 잠재능력, 전공기초 소양 및 전공능력, 지역인재평가(30%) 평가 • 평가요소별 평가결과에 따라 등급(A, B, C, D, F)을 부여한 후, 면접 전반에 관해 5개 등급(A, B, C, D, F) 중 한 개 등급을 부여 • 장애인등대상자(정원외), 기초생활수급차상위(정원외)전형 : 3인의 면접위원이 평가영역에 대해 약 10분 면접 실시, 인성 계발역량(50%), 전공 잠재능력(50%) 평가 • 검정고시출신자는 전공 잠재능력(100%)으로 평가)
전남대(여수)	• 서류평가를 담당한 평가자 3인이 지원자 1인에 대하여 학교생활기록부의 기록을 토대로 작성한 면접질문지를 활용해 전형별 평가요소에 따라 20분 이내 면접 실시 • 학생부(교과, 비교과) 내용 중 활동의 충실성과 진정성 확인 • 학생부교과–일반, 지역인재전형 : 인성 계발역량(30%), 전공 잠재능력, 전공기초 소양 및 전공능력, 지역인재평가(30%) 평가 • 평가요소별 평가결과에 따라 등급(A, B, C, D, F)을 부여한 후, 면접 전반에 관해 5개 등급(A, B, C, D, F) 중 한 개 등급을 부여 • 장애인등대상자(정원외), 기초생활수급차상위(정원외)전형 : 3인의 면접위원이 평가영역에 대해 약 10분 면접 실시, 인성 계발역량(50%), 전공 잠재능력(50%) 평가 • 검정고시출신자는 전공 잠재능력(100%)으로 평가
전북대	• 수험생은 대기석에서 2개 평가영역에 대한 문제지를 제시받고 각 영역별로 2문항 중 1문항을 선택하여 약 5분 동안 답변 내용을 구상 • 면접실에 입실하여 약 15분 동안 면접위원(3인) 앞에서 답변 실시 • 인성 및 가치관, 잠재능력 및 발전가능성 평가 • 지미카터국제학부는 전공특성상 영어면접을 추가로 실시할 수 있음 • 특성화고졸재직자(정원외)전형 : 전임 · 교수위촉사정관 · 전공교수 등 3인 1조 평가위원이 지원자별 개인 면접을 15분 내외 실시, 수험생은 학생부 및 제출서류 등에 대한 면접위원 질문에 답변 실시 (문항 출제 없음), 인성 및 가치관, 성장 잠재력 및 발전가능성, 학업의지 및 전공적합성 평가

대학	평가기준 및 면접 방법
전주교대	• 심층면접고사 • 지원자 1인당 약 15분 내외 • 예비 초등교사로서의 자질을 평가하기 위해 학업적성 및 일반교양, 교직적성, 자기소개를 통한 우수교사로서의 잠재능력, 제출서류 신뢰도 등을 종합적으로 평가 • 고교성적우수자전형 : 수험생에게 미리 문항을 선택해 답변 준비 시간을 갖게함. 수험생은 면접위원에게 선택한 면접문항을 읽고 구술답변(지원자 1인당 약 3〜4분 내외), 면접문항 선택시 답변이 어려운 경우 총 1회에 한하여 재선택 가능
전주대	• 다대다 면접 • 인성, 적성, 잠재력 등을 평가기준에 의해 종합평가 일반학생전형의 경우 인성 및 가치관, 적성 및 지원동기, 교양 및 일반상식, 의사표현능력 등을 평가기준에 의해 종합평가 • 수퍼스타, 창업인재, 고른기회대상자전형 : 심층면접
제주국제대	구술면접(교과 지식과 관련이 없는 인성 면접)
제주대	• 개별면접 • 인성, 교직관, 표현력, 태도 • 일반학생Ⅱ, 사회통합전형 : 3명의 면접위원이 지원자 1인당 15분 내외로 개별면접 실시, 학교생활기록부, 자기소개서를 바탕으로 전공적합성, 자기주도성, 인성·공동체기여도에 대해 종합적으로 평가 • 지역인재육성·의학학·석사전형 : 의료관, 교양, 영어 등 자체 출제한 면접문제로 평가 면접고사 출제 및 평가기준은 공교육정상화법 시행에 따라, 고등학교 교육과정의 범위와 수준 내에서, 정상적으로 수업을 받은 학생이 충분히 이해하고 답할 수 있는, 객관적이고 타당성있는 범위와 수준 내에서 평가문항을 출제
조선대	• 입학사정관이 학생부에 기재된 내용을 기초로 하여 인성 및 가치관, 전공 및 적성영역에 대한 학업열 등에 대하여 질문하고 수험생이 답변하는 방식으로 진행 • 사범대학은 교직 적인성 포함인적성면접을 실시하여 포괄적으로 종합평가함 • 학생부교과-일반전형, 실기, 군사학과전형 : 홈페이지 참조

대학	평가기준 및 면접 방법
중부대	• 반영비율 : 전공(진로)에 대한 관심과 열정(30%), 바른 인성 및 가치관(30%), 종합적 사고력(창의력 중심)(20%), 학업 성실성(10%), 리더십(10%) • 학교생활우수자, 특수교육대상자전형 : 전공(진로)에 대한 관심과 열정(50%), 바른 인성 및 가치관(25%), 종합적 사고력(창의력 중심)(25%) • 체육특기자, 연기특기자전형 : 인성 및 사회성(20%), 가치관 및 인생관(20%), 전공의 관심도(20%), 재능의 탁월성(20%), 창의적 사고력(20%)
중앙대	• 종합적으로 평가하는 개인별 심층면접 • 학업준비도, 인성 및 의사소통능력, 서류의 신뢰도 • 고른기회 · 특성화고졸재직자(정원외)전형 : 종합적으로 평가하는 5인 내외의 집단면접
중앙대(안성)	• 종합적으로 평가하는 개인별 심층면접 • 학업준비도, 인성 및 의사소통능력, 서류의 신뢰도
중원대	• 2인 이상의 면접관이 2~3명 이내 지원자를 다대다형식으로 면접 • 논리적 사고 능력, 인성 및 가치관, 전공 기초지식 및 이해력, 발전가능성, 전공영역에 대한 관심과 진로의식 등 평가
진주교대	• 개별면접 (10분 내외) 교양, 인성 및 교직관과 관련된 질문 학생부와 제출서류를 참고해 개인 신상 및 예비교사로서의 인성, 자질에 관련된 질문 교직 수행에 필요한 전문성 및 잠재력에 대한 질문 면접위원 3인이 수험생 개인별 면접 진행. • 적성,인성검사 (50분 내외) 주어진 검사지에 의거하여 자신에게 가장 적합하다고 판단되는 반응을 선택하는 일종의 자기보고식 심리검사. 50분 내외 • 집단면접 (50분 내외) 조별 6인 내외로 구성, 주어진 의제에 대한 발표 조별로 편성하여 사회자의 진행 아래 발표 및 토의 실시

대학	평가기준 및 면접 방법
차의과학대	• 면접 활용자료 : 입학원서, 자기소개서 • 전공에 대한 적성, 가치관, 논리적 사고와 이해, 표현력, 태도와 예절
창신대	• 적성, 인성, 태도, 의사소통능력, 표현력, 전공에 대한 관심도, 지원동기 등 본 대학 평가기준(정성)에 의해 종합평가
창원대	홈페이지 참조
청운대	• 일반전형 · 항공서비스경영 : 2인의 학과 교수 면접위원과 2인의 외부 면접위원에 의한 다대다 면접 실시, 4인의 면접위원 점수를 평균하여 지원자의 면접고사 성적 산출, 4인의 면접위원 전원에게 각 영역 모두 최하점수 평가를 받은 지원자는 부적격자로 판정하여 불합격 처리, 기초역량과 전공역량 평가 • 청운리더스 : 면접위원 3~5인과 수험생 1명의 다대일 개별면접 실시, 면접위원 전원에게 각 영역 모두 60점 미만을 받은 지원자는 부적격자로 판정하여 불합격 처리, 일반영역과 전공영역 평가
청운대(인천)	• 면접위원 3~5인과 수험생 1명의 다대일 개별면접 실시 • 면접위원 전원에게 각 영역 모두 60점 미만을 받은 지원자는 부적격자로 판정하여 불합격 처리, 일반영역과 전공영역 평가
청주교대	• 고교성적우수자 : 지원자 1인당 준비 5분, 답변 5분(총 10분), 면접고사장 입실 전에 교양 및 교직 관련 면접문항을 무작위 추첨으로 선택한 후 5분간 구술답변 준비, 수험생은 면접위원 3명 앞에서 선택한 면접문항을 읽고 구술답변을 함, 면접위원은 수험생 답변에 따라 후속 질문을 할 수도 있음 교양, 교직적성, 표현력 및 태도와 예절 평가 • 지역우수인재선발 : 1인당 15분, 제출서류를 참조하면서 면접위원이 지원자를 상대로 질의, 인성에 초점을 맞춰 예비교사로서의 자질 및 교직 수행 능력 측정, 개별과제발표, 준비 20분, 발표 및 질의응답 10분, 구두 발표를 원칙으로 하며, 칠판 등 현장에 비치된 기구 활용 가능, 특정 주제와 관련된 자료를 제공해 주고 그 자료를 분석하여 자신의 생각을 발표하게 함으로써, 교사에게 요구되는 학습능력과 의사표현 능력을 측정하고자 함. 개별면접을 통해 인성, 교직적성, 잠재역량 평가, 개별과제발표를 통해 분석력, 문제해결능력, 의사표현능력 평가

대학	평가기준 및 면접 방법
청주대	• 전 모집단위 : 대학교육 이념과의 적합성, 모집단위와의 적합성 (전공 적성 및 비전), 학생의 특성 및 학업성 평가 • 국어교육, 수학교육 모집단위 : 교직인성, 교직적성 평가 • 군사학과 : 육군 인성검사 결과와 각 면접장 심층면접 결과를 바탕으로 합격, 불합격 판정, 인성검사 결과를 참고자료로 활용
초당대	• 비교과영역 평가 • 면접위원 2~3인이 수험생을 평가하여 평균점수를 반영 • 비교과영역 평가 (인성/가치관, 지원동기/전공분야관심도, 인재상,잠재력, 언어구사력 등)
총신대	• 본교의 교육이념과 교육목표, 지원학과의 특성에 적합한 창의력과 소질을 지닌 자로 전공분야에서 능력을 창출하여 국가와 교회를 위하여 헌신할 자를 선발하기 위하여 심층면접을 실시 • 담임목사추천서, 학교생활기록부를 근거로 구술면접고사 실시 • 실기우수자, 특수교육대상자(정원외) · 교회음악과는 일반면접으로 P/F만 판단
추계예술대	• 일반전형 : 1인 심층면접, 적성(40%), 전공에 대한 이해도(30%), 사고력(30%) 평가 • 수상실적특기자 : 1인 심층면접(1인씩 입실, 면접시간 5분이내), 심층면접점수 65점 이하는 입학사정 제외, 인성(20%), 적성(20%), 전공수학능력(30%), 발전가능성(30%) 평가
춘천교대	• 다수의 입학사정관이 교직적성과 교직인성을 개별심층면접으로 정성 · 종합평가 • 학생부, 자기소개서, 추천서를 참고자료로 활용
충남대	• 2(면접위원) : 1(지원자) 면접 • 인성, 전공부합도, 논리적사고 평가 • PRISM인재, 지역인재, 사회적배려대상자, 고른기회대상자전형 : 입학사정관이 지원자의 제출서류를 참고해 평가항목에 의거하여 구술 평가함, 평가위원 2인 • 육군학, 해군학(정원외)전형 : 육군/해군 면접평가위원에 의한 면접

대학	평가기준 및 면접 방법
충북대	• 지원자 1명에 대해 다수의 면접위원이 각 평가항목에 대해 문답평가 • 우수인재양성, 지역인재Ⅰ전형 : 지원자 1명에 대해 다수의 　면접 평가위원이 1단계 서류 내용을 바탕으로 별도의 평가기준에 　의거해 독립적 · 종합적으로 평가 • 기본소양, 전문성, 인성, 적극성 등 평가 • 사범대학은 면접에 교직적성인성검사를 포함하여 시행 • 특성화고졸재직자(정원외)전형 : 최고점 100점(최하점 4점)으로, 　평가위원 3인이 절대평가, 최저학력기준은 면접구술고사 40점 이상
침례신대	• 구술시험 • 영성, 지성, 인성, 종합평가
칼빈대	• 2인 이상의 면접관이 한 학생을 면접 • 신학생으로서의 사명감 및 인성과 품성, 앞으로의 전공과 관련된 비전, 　평소 신앙생활의 성실도 및 수학할 수 있는 기본적 자질과 적성, 교양 　및 특기 인생관 평가
케이씨대	• 면접위원을 선정하여 면접기준표에 의거 구술시험을 통한 면접 실시 • 면접위원 3인, 수험생 5인, 3~5분 • 인성, 품성, 사고력, 의사소통력 등 평가 • 기회균등할당제(정원외)전형 : 면접위원 3~5인, 수험생 1인, 5분 내외
평택대	홈페이지 참조
포항공대	• 잠재력, 전공적합성과 태도 평가 • 창의IT인재전형 : 잠재력평가와 창의력평가(개인면접, 그룹면접)
한경대	• 학교생활기록부와 자기소개서 기재사항을 확인하는 심층 면접 • 인성 또는 사고력 평가를 위한 공통문항 출제 예정 　(별도 준비시간 부여) • 15분 내외로 다대일 평가 • 지원자의 답변에 따라 추가 질문 가능 • 체육특기자전형은 심층면접만 진행 • 특성화고등고졸재직자(정원외)전형 : 홈페이지 참조

대학	평가기준 및 면접 방법
한국과학 기술원	• 과학적 · 논리적 사고력 및 창의적 문제해결력, 사회적역량 평가 • 수학 · 과학 관련 개인별 구술면접 • 면접 전 준비시간 있음 • 과학은 물리, 화학, 생명과학 중 지원자 선택 1과목
한국교원대	• 발표능력, 지적잠재력, 전공적합성, 교직 적인성, 의지 및 열정 평가 • 개별면접으로 다수 평가자에 의한 정성적, 종합적 평가. 10분 내외 • 교직 적인성 문항 및 개방형 질문에 의한 구술내용 • 큰스승인재전형 의 경우 면접시간 15분, 현장 실사 관련 내용을 질문할 수 있음

한국교통대	• 전공적합성(자유전공학부는 도전정신), 개인적 인성, 사회적 인성 평가
	• 개별심층면접(15분), 제출서류내용 확인 및 인성중심의 역량평가.
	  3명(면접관) : 1명(수험생)
	• NAVI인재전형 · 항공서비스 : 집단면접 실시
	  4명(면접관) 대 5명(수험생), 50분 내외

한국교통대 (의왕)	• 전공적합성(자유전공학부는 도전정신), 개인적 인성, 사회적 인성 평가 • 개별심층면접(15분) • 제출서류내용 확인 및 인성중심의 역량평가 • 3명(면접관) : 1명(수험생)
한국 기술교대	• 전공적성, 인성 평가 • 면접관 : 교수(위촉)사정관 및 전공교수 등 • 수험생 3인 1조, 면접위원 3명, 30분 이내
한국 산업기술대	• 인성, 잠재력, 전공적합성 평가 • 구술면접, 15분 내외 • 입학사정관 3명이 개별면접

한국성서대	• 본교 건학이념과 인재상과 부합정도, 창의적, 종합적 학습능력과
	  문제해결 능력, 지원학부와 관련된 사회현상에 대한 논리적 비판 및
	  대안제시 능력 평가
	• 3:1 또는 2:1 심층면접방식(면접위원 3, 지원자 1 또는
	  면접위원 2, 지원자 1 방식) 경우에 따라 집단면접으로 진행할 수 있음
	• 10~20분 내외
	• 기본소양(교양), 전공적합성, 인성, 수학여건 등 질문

대학	면접 방법

한국외대	• 전공적합성, 논리적 사고력, 인성 평가
	• 인 · 적성면접, 10분 내외
	• 개별 면접(수험생 1인, 면접관 2~3인),
	  공통질문 및 개별질문으로 진행
	• 특기자 · 외국어전형 : 사전에 '국문 공통 문제'를 읽은 후(메모 불가),
	  면접고사장으로 이동하여 10분 내외의 시간 동안 평가요소를
	  종합적으로 평가, 한국어 또는 해당 외국어로 진행,
	  지원자 한명에 대해 면접관 2~3명이 개별 면접 실시

한국외대
(글로벌)
	• 전공적합성, 논리적 사고력, 인성 평가
	• 인 · 적성면접, 10분 내외
	• 개별 면접(수험생 1인, 면접관 2~3인),
	  공통질문 및 개별질문으로 진행
	• 특기자 · 외국어/과학전형 : 사전에 '국문 공통 문제'를 읽은 후
	  (메모 불가), 면접고사장으로 이동하여 10분 내외의 시간 동안
	  평가요소를 종합적으로 평가, 한국어 또는 해당 외국어로 진행,
	  지원자 한명에 대해 면접관 2~3명이 개별 면접 실시

한국체육대	• 교과성적우수자전형: 교직적성면접 평가.
	  평가위원 5인이 평가하여 최고점과 최하점을 제외한 3인의 평가점수를
	  평균해 환산 적용
	  인성, 논리성, 창의성, 학업성적, 전공관련 기초지식 평가
	• 지역체육우수인재전형: 인성, 논리성, 창의성, 전공적성능력, 봉사정신,
	  동아리 활동 평가

한국항공대	• 수험생 1명에 대하여 2인의 면접위원이 일반면접 실시 • 평가기준 홈페이지 참고
한국해양대	• 학생부, 자기소개서를 종합적으로 평가 • 지역인재전형 : 기본소양평가 • 체육특기자전형 : 기본자질, 전공 및 특기에 대한 자질에 대하여 평가

대학	면접 방법
한남대	• 일반-실기, 글로벌인재, 특성화고등을졸업재직자(정원외)전형 : 기본소양, 전공소양 등 평가 • 국가보훈대상자, 한남인재, 지역인재, 창업인재, 글로벌인재전형 : 인지적역량, 정서적역량, 행동적역량 평가 • 심층면접, 개별면접(면접위원 2 : 지원자 1) • 소요시간 : 25분 [준비시간(15분) + 평가시간(10분)] 진행방법 • 주어진 내용에 대한 자신의 의견 준비(15분) • 의견발표(약 2분) • 발표내용에 대한 질의응답(약 3분) • 서류 확인질문(약 5분) • 일반전형·실기·미술교육, 글로벌인재, 특성화고등을졸업한재직자 (정원외)전형 : 2:1면접(면접위원 2명 : 수험생 1명) (전공적합성 평가를 위해 해당언어로 답변을 요구할 수 있음)
한동대	• 본교 인재상 부합도, 의사소통 및 면접태도, 성장잠재력, 논리성, 독창성 등 평가 • 면접위원 2인이 지원자 1인을 대상으로 개별 면접 • 총 12분(준비시간 10분 별도 부여) • 공통질문(지문형)+개별질문 • 지문형 : 일정 양의 지문과 2~3개 내외의 질문으로 구성 • 학생부종합전형 : 총 10분(준비시간 7분 별도 부여), 공통질문(단문형) + 개별질문, 단문형 : 비교적 짧은 지문(질문)으로 구성 • 사회기여자및배려자, 국가보훈대상자, 농어촌학생(정원외), 기회균형선발(정원외) 전형 : 면접시간 총 12분, 개별 심층 질문 (학생부와 자기소개서 등 제출서류를 위주로 개별 맞춤형 심층 질문으로 구성)
한라대	• 기본소양, 교과적성 평가 • 평가요소별 20점 만점 기준 평가 • 면접 불참자는 사정대상 제외
한려대	• 보건의료인에 합당한 소양, 의사소통 능력, 인성, 가치관, 윤리의식 등 평가 • 의료법상의 의료인 결격사유 여부 확인 • 교과지식과 관련된 내용은 평가하지 않음 • 면접위원 2·3인, 지원자 3·4인의 다대다 집단면접 • 면접점수 산정 : 면접위원별 평가점수의 평균값

대학	면접 방법

한림대	**교과우수자전형**
	• 면접위원 2~3인, 수험생 1인, 10분 내외, 3문항
	• 학업동기, 인성, 학생부연계 평가
	
	학교생활우수자, 지역인재, 한림케어, 농어촌학생(정원외),
	기초생활수급자및차상위계층(정원외), 특수교육대상자(정원외)전형
	• 면접위원 2~3인, 수험생 1인, 15분 내외
	• 서류검증, 인성 평가
	
	학교생활우수자–의예, 지역인재–의예, 농어촌학생–의예전형
	• MMI(Mulitple Mini – Interview) 면접, 실별 면접위원 2인
	• 수험생 1인(3개의 면접실 운영), 면접시간 30분 내외(각 실별 10분),
	• 면접위원 총 6명의 평균값 반영
	• 인성, 상황(가치관과 태도, 문제해결능력 등 파악), 모의상황 평가
	
	외국어특기자전형
	• 1차 면접: 면접위원 2인 대 수험생 1인, 한국어 사용, 10분 내외, 3문항
	  자기관, 성취능력, 사고력 평가
	• 2차 면접: 면접위원 2인(외국인교수 1명 포함) 대 수험생 1인,
	  영어사용 (필요 시 한국어 혼용), 10분 내외, 2문항
	  영어능력, 사회성 및 발전가능성 평가

한밭대	• 발표면접, 토론면접, 개별면접 등 종합 평가 • 평가기준 홈페이지 참고
한서대	• 학생부 비교과를 활용한 발전가능성, 자기주도성, 논리적 표현 능력, 도덕성, 사회성에 대한 인성 등 평가 • 다대다 구술면접 실시
한성대	• 제출서류 내용 진위 확인, 전공잠재력 및 인성 • 개별 질의응답 면접
한세대	• 고인성 및 신앙, 지원동기 및 학업계획, 전공적성 및 기초지식, 사회문제에 대한 이해, 표현력, 태도 평가 • 교육과정의 범위와 수준에 적합한 수준에서 출제

대학	평가기준 및 면접 방법
한신대	<ul><li>기초소양분야 2문항, 전공적성분야 2문항 총 4문항으로 구성</li><li>학부(과)별로 면접위원 2인과 수험생 2~3인 또는 면접위원 3인과 수험생 6 ~ 7인을 1조로 구성하며, 기초소양 분야와 전공적성분야에 대하여 수험번호에따라 구술면접방식으로 진행</li><li>학생부비교과요소, 자기소개서, 담임목사(신부)추천서 (신학대학 지원자만 해당) 참고</li></ul>
한양대	<ul><li>학생부교과전형 : 학교생활기록부에 기재된 내용 확인 및 인성면접</li><li>글로벌인재(어학특기자)전형 : 학과별 해당 외국어 면접, 2인 이상의 면접관과 질의/응답 (10분 이내) 해당 언어 구사능력 및 인성 평가</li></ul>
한양대 (에리카)	<ul><li>국방정보공학(정원외)전형 : 해군면접관 2명 : 지원자 1명 (구술면접)</li><li>군인 기본자세, 문제해결능력, 적응력, 국가/안보/역사관</li></ul>
한영신대	<ul><li>신학생으로서의 자질과 인성, 품성 및 적성 평가</li><li>면접점수는 전형별 비율에 따라 환산해 반영</li><li>면접 취득점수가 40% 미만일 경우 학생부 성적과 관계없이 불합격</li><li>면접에 응하지 아니한 자는 불합격 처리함</li></ul>
한일장신대	인성 및 가치관, 전공 관심도, 소명감, 적성 및 지원동기 등 평가
한중대	책임감 및 성실성, 봉사활동, 자기개발 및 지원동기, 출석 평가
협성대	<ul><li>의사표현 능력, 지원동기, 학업자질 및 계획, 면접태도와 자세, 학과별 평가(전공적성(인성), 교양상식) 평가</li><li>일반면접 실시, 면접관 2인이 평가 후 평균성적을 반영, 일반면접문항 (홈페이지 사전 공지)</li><li>창의인재입학사정관 : 심층면접 실시, 면접관 2~3인이 평가 후 평균성적을 반영, 지원동기, 학업계획, 인성 및 전공이해 등 평가</li></ul>
호남대	<ul><li>인성, 지원동기, 학업계획, 전공적합성 평가</li><li>학과별 응시인원에 따라 2~6인 단체면접으로 진행하며, 면접조당 15~20분 진행</li></ul>

대학	평가기준 및 면접 방법
호남신대	심층면접 실시, 대학에서 지정한 별도 기준에 의해 실시
호서대	• 지원학부에 대한 이해도, 인성 및 문제해결 능력 평가 • 해당 학과 교수들로 면접 조를 구성하고 한명의 지원자에게 질문하는 2:1 개인면접 • 답변 준비 시간, 약 15분, 면접 소요시간 약 7분(면접대기실에서 답변을 정리한 수첩 활용 가능) • 벤처인재, 사회배려자 전형 : 종합심층면접 실시, 호서대학교 인재상을 바탕으로 한 인성평가 • 벤처프런티어전형 : 유형별 심층면접 실시 (인성면접, 발표면접, 토론면접)
호원대	• 질의응답의 방법으로 평가 • 미디어컨텐츠디자인 : 면접 시 간단한 디자인 및 스케치
홍익대	학생부종합, 농어촌학생(정원외)전형 • 지원자의 수학능력, 인성 및 가치관, 수학능력시험과 학교생활기록부로는 판단할수 없는 다양한 소질과 자질, 지원한 모집 단위 관련 지식과 소양 등을 종합적으로 평가 • 지원자의 창의성, 잠재력, 문제 해결능력, 관찰력 • 제출서류에 기술된 내용의 진실성, 객관성, 미술 관련 소양 평가 특성화등을졸업한재직자(정원외)전형 • 제출서류만으로 충분히 평가할 수 없는 지원자의 수학능력, 인성 및 가치관, 발전가능성 등을 종합적으로 평가
홍익대(세종)	• 지원자의 수학능력, 인성 및 가치관, 수학능력시험과 학교생활기록부로는 판단할수 없는 다양한 소질과 자질, 지원한 모집 단위 관련 지식과 소양 등을 종합적으로 평가 • 지원자의 창의성, 잠재력, 문제 해결능력, 관찰력 • 제출서류에 기술된 내용의 진실성, 객관성, 미술 관련 소양 평가

Part 4

대학별 면접 기출문제

건국대	2016	건국대 지원이유는?
		자신이 읽었던 책의 줄거리와 느낀 점은?
		멘토링 봉사를 통해 깨달은 점은?
		힘들었던 시간과 극복 방법은?
		합격에 대한 각오를 30초 동안 말하시오.
		종교가 사회에 미치는 영향은?
		창의성이란?
		왜 최우수상을 받지 못했는가?
		기억에 남는 수상내역과 그 수상을 위해 했던 노력은?
		내적정의란? 내적으로 측정할 수 있는 힘에 관해 말하시오.
		평균 가속도 측정방법에 대해 말하시오.
		힉스입자의 개념과 원리를 설명하시오.
		알칼리 실험의 원리를 설명하시오.
		나일론 합성 원리에 대해서 말하시오.
		평균값 정리와 롤의 정리에 대해 말하시오.
		수학을 좋아한다고 했는데 적분이란 무엇이라고 생각하는가?
		봉사활동으로 학생들을 가르쳤는데 느낀점은?
		졸업논문으로 빛과 동물의 연관성과 에이즈 치료법 가설에 관해 썼다. 어떤 내용인가?
		DNA 추출 방법에 관한 실험을 했다. 실험과정을 설명하시오.
		생명과학을 선택한 이유는?
		단백질 합성 과정을 설명하시오.
		토목 공학과 건축 공학의 차이점은?
		친환경 건축은 어떻게 실현가능한가?
		인문학과 컴퓨터 결합의 방법을 설명하시오.
		프로그래밍학습과 C언어를 배우면서 느낀 점은?
		사이버보안전문가에게 요구되는 자질은?

건국대	2016	메르스 바이러스란 무엇인가?
		태양광선과 피부와의 관계는?
		생명과학과 동물 자원의 결합을 어떻게 생각하는가?
		광우병에 대해 설명하시오
		전자공학의 역사에 대해 설명하시오.
		멘델의 유전 법칙에 대해 설명하시오.
		동물복지와 인간복지의 관계는?
		수상 실적에 대해 말하시오.
		동아리 활동에 대해 말하시오.
		지원 동기와 진로는?
		독서관련 활동은?
		신문관련 활동을 했다. 언론인의 태도에 대해 설명하시오.
		독서관련 활동에 대해 말하시오.
		자소서 활동 내용에 대해 말하시오.
		왜 촬영감독이 되고 싶은가?
		외압에 흔들림이 없는 소신이 현실적으로 가능한가?
		언론인이 갖추어야 할 가장 중요한 자질은?
		반수를 했다. 대학에서 지원학과에 대해 배운 것이 있다면?
		진로를 왜 바꾸었는가?
		자연지리학과 융합지리학은 어떤 관련이 있나?
		자신이 했던 게임을 제시하고 그 게임의 개선점에 대해서 말하시오.
		콘텐츠 기획자에게 가장 중요한 점은?
		사회적 협동조합이란?
		수상 실적에서 플래너 활동상을 탔다. 플래너 공부 방법에 대해 설명하시오.
		친구와 선생님에게 자신이 어떤 학생이었는가?
		한자 등급은 낮은데 중국어 등급은 높은 이유는?

건국대	**2016**	입학 후 공부하고 싶은 것은?
		동아리 활동에 대해 말하시오. 다른 동아리도 활동했는가?
		다문화 정책가가 된다면 어떤 정책을 만들 것인가?
		모스크바에 다녀오게 된 계기는?
		특정 시기에 내신 성적이 부진했던 이유는?
		1학년 때 읽은 책에 대해서 말하시오.
		영문학과에서 배울 수 있는 공부는 어떤 것인가?
		영문학과에서 필요한 역량은 무엇인가?
		한국문화체육관광 알리미가 영문학과와 어떤 관련이 있는가?
		송도 신도시에 대해 심층적으로 말하시오.
		진로희망과 다른 학과를 지원한 이유는?
		지역 개발과 국가적 경제 발전 중 어떤 것이 더 중요한가?
		빅데이터는 무엇인가?
		내신성적이 안좋은 이유는?
경기대	**2016**	교육봉사동아리를 만든 계기와 어떤 교육을 진행했는지 말하시오.
		3학년 전교 총학생회장의 직위를 맡았다. 시간관리 방법은?
		여름방학동안 '청각장애인 교회 의자 만들어 주기' 활동에 참여해 3D 프로그램으로 의자를 만들어 기증했다. 계기는?
		급식질서 도우미 활동을 했는데, 급우지도에 어려움이 많았을 것 같다. 그 어려움을 어떻게 극복했나?
		노인병원 봉사를 꾸준히 했다. 어떤 활동을 했으며, 느낀 점은?
		진정한 봉사활동에 대해 고민한다고 했다. 현재 고등학생들의 의무 봉사활동 시간에 대한 의견은?
		진로희망이 외교관에서 상담심리사로 변경되었고, 최종적으로 사회복지학과에 지원 했는데, 지원동기는?
		관심 전공 분야와 그 이유는?
		〈신기한 피카소 미술관〉을 읽었다. 본인이 생각하는 패션과 의상의 의미는?

경북대	2016	학습공동체 활동 중 풍력발전기에 대한 주제탐구활동을 수행하는 과정에서 얻은 지식과 느낀 점은 무엇인가?
		〈수학비타민〉이라는 책을 읽었는데, 수학이 실생활과 연관되는 내용은 무엇인가?
		과학주제탐구활동에서 배운 내용 중 나노기술과 관련한 기계공학적 요소를 설명하시오.
		OOO동아리활동을 했다. 어떤 활동을 했으며 진로에 어떤 영향을 주었나?
		본인에게 영향을 미친 독서경험이 있다면 어떤 내용인가?
		교내 OOO 대회에서 수상했는데 참여 계기는 무엇이며, 어떻게 준비했는지 설명하시오.
		지역의 OOO센터에서 꾸준히 봉사활동을 했는데, 힘들었던 점과 느낀 점은 무엇인가?
		교내 OOO 행사에 참여했다. 본인의 역할과 성과는?
		학생회장으로 활동해왔는데 어떤 리더십으로 교내행사를 이끌었는지 설명하시오.
		공로상을 수상했다. 학교나 학급을 위해 기여한 점은 무엇인가?
		더 하고 싶은 말은?
경희대	2016	공무원 채용이나 대학 입학에서의 소수집단 우대정책에 대한 학생의 의견은?
		한국은 외국인 난민을 받아들여야 하는가?
		우버 택시를 법적으로 허용해야 하는가?
		무료 기술공개에 대한 찬반의견은?
		과학기술의 책임은 기술을 활용하는 사람에게 있고 과학기술자는 자유롭게 연구를 진행해야 한다는 주장이 있다. 이 주장에 대한 의견은?
		현실에서의 통신언어 사용에 대한 찬반 의견은?
		위험성을 최소화하는 안정형 의사와 새로운 치료법을 도입하려고 노력하는 도전형 의사 중 어떤 의사가 되고 싶은가?
		다수결의 원리에 입각한 의사결정이 최상의 의사결정인가?

국민대	2016	사회의 부패를 청산하고 방지하는 일은 왜 중요하며, 어떻게 이루어질 수 있는가?
		한국의 가족주의적 인간관계는 한국 사회의 발전을 위해 권장되어야 할 유익하고 바람직한 인간관계의 유형인가?
	2016	우리나라의 난민 정책이 보다 개방적이어야 하는가?
		항공사의 승무원 채용에 있어서 외모가 뛰어난 사람의 합격 비율이 높다고 한다. 채용과정에서 외모를 중시하는 것은 차별행위이므로 금지되어야 한다는 주장이 있는데 이에 대한 의견은?
		민주사회에서 다양성은 소중한 사회적인 가치로 인식된다. 다양성을 받아들인다는 관점에서 민주사회는 김일성의 주체사상 추종자나 테러로 사회를 바꾸고자 하는 사람들도 모두 포용해야 한다는 주장이 있는데 이에 대한 의견은?
		대학교에서 학생들에게 지급하는 장학금은 성적우수자에게 지급하는 것과 빈곤한 가정의 학생들에게 지급하는 것이 있다. 둘 중 어느 것이 사회적인 관점에서 더 바람직한지 답하고 그 이유를 제시하시오.
	2015	국가수사기관에서 SNS상의 메시지를 열람한 문제가 사회적 이슈가 되고 있다. 공익을 위해 메시지 열람이 허용되어야 하는가? 또는 개인의 사생활보호라는 측면에서 금지되어야 하는가?
		원자력 발전을 유지하는 정책을 찬성하는가? 반대하는가?
		아무리 바빠도 바늘허리에 꿰어서는 안 된다'는 과정을 중시하는 말이다. '모로 가도 서울만 가면 된다' 라는 결과를 중시하는 말이다. 어느 쪽을 지지하는가?
		존엄사에 대해 찬성하는가? 반대하는가?
		안전 불감증이 거론되고 있다. 국민들의 안전의식을 높일 수 있는 방안은?
		역사드라마의 역사적 진실 호도에 대해 어떻게 생각하는가?
동국대	2016	라디오 PD가 되어 한국문학 작품이 대중에게 쉽게 다가가도록 하고 싶다고 했는데, 구체적인 방법은?
		따뜻한 IT 재능기부 봉사를 통해 느낀 점과 이들을 위해 필요한 정보통신기술은?

동국대

장래의 희망을 변호사로 정한 특별한 계기는?
어린이 인권문제에 관심을 갖고 있는 것 같은데,
어린이 인권문제 중 가장 심각한 문제가 무엇인가?

전교 부회장 활동을 하며 상벌점제를 도입했다고 했는데
학교의 변화를 말하고, 긍정적/부정적 영향에 대해서 느낀 점은?.

사교육의 도움 없이 공교육과 자기주도학습을 통해서 학력을
신장시켰다. 자기주도학습에서 가장 어려웠던 점은 무엇이고,
어떻게 극복했나?

학교생활 중에 타인을 배려, 이해함으로써 갈등, 마찰을 해소할 수 있
었던 사례가 있다면 말해보고 그 과정에서 느낀 점은?.

지원한 전공이 어떤 점에서 자신에게 적합하다고 판단했으며 앞으로
의 진로를 어떻게 설계하고 있는지 말하시오.

고교생활 중 경험한 우수한 학업 성취와 이를 위해 기울인 노력은?

전공관련 독서활동이 있다면?

사회 구성원으로서 갖춰야 할 가장 중요한 자질은 무엇이라고
생각하는가?

본인의 운동 종목(포지션)이 어떤 측면에서 적성 및 소질에
잘 맞는다고 생각하는지 또 자신의 미래 목표는?

학교생활 중에 타인을 배려, 이해함으로써 갈등,
마찰을 해소할 수 있었던 사례가 있다면? 느낀 점은?

입학 후 운동선수로서 단체숙소생활을 하게 될 텐데,
더불어 함께 산다는 것은 어떠한 삶을 뜻하는가?

학창시절 운동선수로서 본인이 성취한 업적 중에서 가장
자랑할 만한 것은 어떤 것인가?

지원동기와 입학 후 학업계획은?

직장생활 중 자기계발을 위해 기울인 노력은?

지원한 전공이 어떤 점에서 자신에게 적합하다고 판단하는가.
앞으로의 진로를 어떻게 설계하고 있는가?

지원동기는?

명지대		고교생활 중 경험한 우수한 학업 성취와 이를 위해 기울인 노력은?
		리더십이란 무엇인가? 학교생활 중 리더십을 수행한 경험은?
	2016	지원동기와 졸업 후 하고 싶은 일?
		지원동기와 본인만의 장점은?
		삶에서 중요하게 생각하는 것은 무엇이고, 그 이유는?
		살면서 되돌리고 싶은 순간은 언제인지, 그 이유는?
		미래에 사라질 가능성이 높은 직업들의 공통점은?
		빅데이터로를 공공의 목적으로 활용하는 정보공개제도에 대한 찬반 의견은?
		얼음의 밀도가 물보다 크다면 추운 겨울에 호수에서 어떤 일이 일어나겠는가?
		펭귄 발의 동맥과 정맥이 멀리 떨어져 있다면 어떤 일이 일어나겠는가?
		학업 및 동아리활동, 봉사활동에 대해 소개하시오.
		삶에서 추구해야할 가치는?
		학업과 진학을 위해 기울인 노력은?
		올바른 언어생활의 가치는?
		문학 감상과 문학 교육의 의의는?
		국어교사에 필요한 자질과 자세는?
		특별히 힘들었던 경험과 극복 사례는?
		자신의 장점은?
		돌아가고 싶은 순간은?
		중국어와 한국어의 차이는?
		전공관련 선택하고 싶은 직장과 그를 위한 조건은?
		중국문화에 대한 생각은?
		실패를 극복했던 사례는?
		타인과의 원만한 인간관계를 위해 필요한 덕목은?

명지대	**2016**	대학생활 중 하고 싶은 것은?
		심도있게 공부하고 싶은 전공 분야는?
		본인이 생각하는 효과적인 언어 학습법은?
		지원동기와 진학을 위해 어떤 노력을 했는가?
		일본 문화, 애니메이션의 매력은?
		타인을 배려했던 사례와 실패를 극복했던 사례는?
		대학진학 외에 자신이 중시하는 과제나 이슈는?
		자신의 거주지에 혐오시설을 유치하는 것에 대한 견해는?
		자신만의 영어실력 향상 비법은?
		읽어본 영문학 작품을 소개하시오.
		구글 번역기와 번역가를 비교한다면?
		인간관계에서 가장 중요한 것은?
		자신만의 창의성과 감수성은?
		공동체를 위해 자신이 할 수 있는 일은?
		역사학이 오늘날 갖는 의미는?
		우리 역사에서 가장 큰 사건이라고 생각하는 것은?
		역사학도의 관점에서 볼 때 통일의 필요성은?
		타인에게 도움을 준 경험이 있다면?
		본인의 단점과 극복 방안은?
		사서에 가장 적합한 사람은?
		본인이 경험해 본 도서관의 미흡한 점은?
		사서에게 필요한 자질은?
		출신 고등학교의 자랑거리는?
		문화재 답사, 미술관 관람 경험이 있다면?
		관심있는 조선시대 화가는?

명 지 대	2016	공감의 중요성에 대해 설명하시오.
		선한 행위가 중요한 이유는?
		주체적인 삶의 중요성에 대해 설명하시오.
		행복하기 위한 방법은?
		철학에 관심을 가지고 한 자신의 활동은?
		흥미롭게 읽은 철학책을 소개하시오.
		최근에 읽은 책, 아랍 관련 기사를 말하시오.
		좋아하는 외국어는?
		졸업 후 진로계획은?
		아랍지역학과 입학을 위한 준비는 어떻게 했는가?
		아랍지역학과 진학에 대한 결정 시기는?
		기억에 남는 여행과 느낀 점은?
		좋아하는 교과목과 싫어하는 교과목은?
		친구들과 갈등을 겪은 경험이 있다면?
		행정과 정치, 행정과 경영의 차이는?
		언론에서 보도된 현재 정부의 현안 이슈는?
		최근에 가장 감명 깊게 읽은 책은?
		정부의 역할 중 가장 중요한 것은?
		봉사활동 및 공동체활동 경험이 있다면?
		경제문제(소득 불평등, 청년실업 등)에 대한 견해는?
		배려의 중요성에 대해 설명하고 관련 경험이 있다면?
		행복의 의미는?
		갈등 해결 사례에 대해 말하시오.
		정치외교학과에서 공부하고 싶은 것은?
		정치와 관련한 최신 기사는 무엇인가?
		꿈을 이루기 위해 갖춰야 할 소양은?
		역사 속 존경하는 정치 지도자는?

명지대	2016	동아리 활동을 통해 얻은 점과 잃은 점은?
		특별활동 시간에 자신이 맡은 역할은?
		기자, 피디, 광고인이 되기 위한 준비사항은?
		진로 관련한 자신의 장단점은?
		진로와 관련해 대학 4년을 어떻게 설계하고 공부할 생각인가?
		현재 가장 중요한 사회 이슈는?
		동아리, 또래 활동 중 겪었던 어려움과 극복 사례에 대해 말하시오.
		또래와의 공동 과제에서 본인의 기여점은?
		놀이를 통해서 배우게 되는 것은?
		아동기에 경험 중 아동에게 전해주고 싶은 내용은?
		입학 후 학업계획은?
		아동학대 예방을 위해 전공자에게 요구되는 자질은?
		함께 있어주고 울어주고 토닥여주는 것의 중요성에 대해 설명하시오.
		본인의 장점과 단점은?
		어려움을 극복한 사례는?
		정직함을 실천한 사례는?
		전공이나 진로에 도움이 된 책과 그 이유는?
		학교에서 소통을 위한 방법은 무엇이 있을까?
		청소년지도학이 사회에 기여하는 점은?
		청소년지도의 의미는?
		리더로서 필요한 역량과 자질은?
		전공관련 자신의 적성과 역량은?
		장래희망을 결정하는 데 도움을 준 활동은?
		전공관련 관심 분야는?
		생각하고 있는 창업 콘텐츠는?
		기업의 경쟁력을 이루는 요소에 대해 설명하시오.
		중소기업과 대기업의 갈등 조정 방안에 대해 설명하시오.

명지대	2016	창의성을 높이는 방안은?
		국제통상학과 진학을 위해 준비과정 및 노력과정에 대해 말하시오.
		본인의 의견이 받아들여지지 않은 결과에 대해 느낀 점은?
		국가 간 무역을 하는 이유는?
		최근 국제통상 뉴스 중 기억에 남는 것과 그 이유는?
		지원동기와 성공적인 대학생활에 필요한 자질은 무엇인가?
		가장 어려웠던 경험과 그것을 극복한 방법은?
		스스로 성취했던 경험에 대해 말하시오.
		되돌아가고 싶은 순간은?
		자신의 장점을 설명할 수 있는 사례는?
		경영정보학 전공과 본인의 진로 사이의 연관성은?
		경영정보학과 홈페이지에 소개된 전공과목 중 가장 관심을 끄는 것은?
		장래희망을 이루기 위해 자신이 해야 할 일은?
		동아리 또는 학생회 활동에서 느낀 점과 문제해결을 위한 노력은?
		장단점과 단점을 극복하기 위한 노력은?
		혐오발언을 일삼는 특정 사이트의 강제 폐쇄에 대한 의견은?
		법과 관련된 책이나 영화 중 인상에 남는 것은?
		사형제에 대한 견해는?
		법 관련해 배운 과목과 그 내용은?
		행복이란 무엇인가?
		장래희망과 갖추어야 할 자질은?
		전공을 위해 어떤 노력을 했는가?
		전공관련 본인의 장점은?
		관심 영역에서 자신의 역량은 무엇인가?
		미래에 적합한 직업을 위해서 갖추어야할 역량은?
		학교생활에 대해 말하시오.
		기하벡터 과목 중 2차 함수에 대해 배운 내용은?

명지대	2016	미적분에서 생각나는 정리는?
		통계분야 중 재미있는 분야는?
		동아리 활동 경험이 있다면?
		로봇과 인간의 성실성을 비교해보시오.
		장점과 단점은?
		물리학과 인문학과의 관계는?
		물리학에 관심을 갖게 된 동기는?
		물리 관련 가장 흥미로운 것은?
		실험 경험은?
		인생의 최종 목표는?
		타인에게 크게 감사했던 경험, 타인이 본인에게 크게 감사했던 경험은?
		끈기있게 실천했던 일은?
		책임감을 느꼈던 일은?
		화학과 관련된 특별한 경험은?
		전공관련 본인의 장점과 단점은?
		최근 이슈화된 백수오 사건에 대해 설명하시오.
		식품위생의 문제점은?
		식품/영양/음식과 관련해 읽은 책은?
		건강기능식품에 대한 견해는?
		좋아하는 셰프와 그 이유는?
		나눔을 실천한 경험은?
		영어의 필요성에 대해 말하시오.
		입학 후 자기계발 방법이 있다면?
		생물에서 가장 흥미있는 분야 또는 현상은?
		생명과학 관련 읽은 책은?
		다큐멘터리 중 기억에 남는 것은?
		협동심이 중요한 이유는?

명 지 대	2016	삶의 목표 및 중요성에 대해 설명하시오.
		취미는 무엇인가?
		수학 교과 중 흥미있게 배웠던 분야 및 그 이유는?
		전기공학 중 좋아하는 분야는?
		흥미있게 배웠던 과학 과목은?
		관심 분야 및 그 이유는?
		자기주도적 학습을 위한 노력은?
		장래희망과 노력 방법을 말하시오.
		친구들과 협력해 무언가를 이뤄본 경험이 있다면?
		전공관련 읽은 책은?
		전자공학과 관련해 인상 깊게 접한 사항은?
		소리와 전자공학과의 관련성은?
		성격과 전공과의 적합성은?
		정보통신공학과 관련된 활동이나 경험은?
		수학 및 과학 수업에서 흥미있게 배웠던 내용은?
		정보통신공학과 컴퓨터공학의 차이는?
		빅데이터, 사물인터넷에 대한 생각을 말하시오.
		정규분포가 일상생활에 적용되는 사례는?
		벡터와 스칼라의 차이점과 일상생활에 적용되는 사례는?
		대인관계에 있어 좋았던 경험과 안 좋았던 경험은?
		도전의지를 가지고 노력한 경험은?
		지원동기와 졸업 후 진로분야는?
		전공관련 활동으론 무엇을 했나?
		수학 및 과학 과목의 성취도 및 향상도 경험을 말하시오.
		화학공학자가 갖춰야 할 자세는?
		화학공정 엔지니어의 역할은?
		손해를 감수하고 공동체를 위해 노력했던 경험이 있다면?

명 지 대	2016	성적을 향상시키기 위해 어떤 노력을 했나?
		공학분야가 적성과 맞는지 확인하기 위해 했던 노력은?
		지원동기와 장래희망은?
		신소재와 관련된 제품의 예를 드시오.
		학점관리, 자격증 취득, 어학능력 향상, 인적 네트워크 강화, 이 네 가지 중 우선순위와 그 이유는?
		환경관련 동아리 활동 경험과 본인의 역할은?
		입학 후 배우고 싶은 분야는?
		좌우명은?
		장단점은?
		삶에서 가장 중요하게 생각하는 것과 그 이유는?
		가장 후회했던 일은?
		토목과 건축의 유사점과 차이점은?
		관심있는 토목구조물은 무엇인가?
		좌절을 극복한 사례는?
		팀 활동의 성공 요건은?
		존경받는 사람의 조건은?
		교통정보의 생성 원리에 대해 말하시오.
		교통정체의 판단기준에 대해 말하시오.
		경제성의 판단기준에 대해 말하시오.
		시간가치의 기준에 대해 말하시오.
		가장 큰 도전 경험과 그 결과는?
		기계공학과 관련된 본인의 강점과 경쟁력은?
		지원동기와 관심분야는?
		기계공학과 관련된 실험 경험에 대해 말하시오.
		장래희망 직업과 기계공학과의 연관성은?
		기계공학 분야 중 로봇, 자동차, 항공기 등을 개발하기 위해 필요한 분야는?

		열역학법칙의 예를 들어보시오.
		봉사활동 경험은?
		공동체활동 경험은?
		의견충돌시대처방법은?
		경영학과 산업경영공학과의 차이점은?
		산업경영공학 관련 업체 및 업무에 대한 본인의 생각은?
		좋아하는 교과목은?
		단체 구기 종목에서 맡고 싶은 역할과 이유는?
		기업의 사회적 책임에 대한 생각은?
		전공관련 동아리활동 및 취미활동은?
		라면 끓이는 방법을 단계적으로 말하시오.
		가장 어려운 알고리즘은?
명 지 대	2016	만들고 싶은 스마트폰 어플리케이션은?
		프로그램 작성 경험은?
		원하는 전공과 관련해 읽은 책은?
		흥미가 없는 과목의 공부방법은?
		최근 뉴스에서 인상 깊었던 것은?
		지원동기와 학업계획은?
		선택희망 학과와 진로는?
		공학도로서 적성에 맞는 사람은 어떤 사람인가?
		과학 교과 중 좋아하는 과목은?
		학교생활 중 우수한 활동분야에 대해 말하시오.
		협동생활 및 특별활동에 대해 말하시오.
		본인의 리더십 및 교우관계에 대해 말하시오.
		시각디자인 전공지원을 위해 어떤 준비를 했나?
		전공과 커리큘럼에 대해 얼마나 알고 있나?
		디자이너가 갖춰야 할 소양은?

명지대	2016	좋아하는 운동은?
		아침형 인간에 대해 어떻게 생각하는가?
		전공을 선택하게 된 계기는?
		디자인분야 내 다양한 전공의 차이점을 말하시오.
		입학 후 학업계획과 졸업 후 진로계획은?
		관심있는 또는 존경하는 디자이너 및 디자인 제품이 있다면?
		흥미를 가지고 공부한 과목은?
		공동체활동 경험과 에피소드는?
		갈등을 극복한 사례가 있다면?
		지원동기는?
		영상디자인 전공관련 경험은?
		목표는 무엇인가?
		전공관련 교육과정에 대해 말해보시오.
		자신있는 교과목은?
		동아리 활동 중 성실함을 나타낼 만한 사례는?
		봉사활동을 통해 느낀 점은?
		전공을 선택하기까지 준비한 것이 있다면?
		디자이너에게 필요한 소양과 그 소양을 키우기 위해 노력한 점은?
		전공관련 본인만의 강점은?
		장래희망은?
		봉사활동 경험 및 바둑 이외의 취미활동은?
		자신을 희생해 타인을 도와준 경험이 있다면?
		살아오면서 경험한 가장 큰 도전은 무엇인가?
		좋아하는 과목은?
		전공관련 본인의 특성은?
		바둑 시작 시기와 현재 기력은?
		바둑의 매력은?

명지대	**2016**	학교생활 중 희생정신을 발휘한 경험과 느낀 점은?
		부모님이 생각하는 지원자의 장단점은?
		공동체 활동 경험 및 갈등 해결 사례에 대해 말하시오.
		좋아했던 과목은?
		성장과정에서 예술적 소양을 발휘했던 경험은?
		좋은 영화란 무엇인가?
		시나리오와 연출과의 상관성은?
		학교생활 중 희생정신을 발휘한 경험과 느낀 점은?
		부모님이 생각하는 지원자의 장단점은?
		공동체 활동 경험 및 갈등 해결 사례에 대해 말하시오.
		좋아했던 과목은?
		성장과정에서 예술적 소양을 발휘했던 경험은?
		좋은 영화란 무엇인가?
		시나리오와 연출과의 상관성은?
		제작자와 연출자의 차이점은?
		끈기있게 작업을 마무리 한 경험이 있다면?
		전공관련 어떤 활동을 했나?
		인상 깊게 읽은 책은?
		건축학 전공에 도움되었던 과목과 그 이유는?
		건축학 전공관련 공부했거나 노력한 경험은?
		좋아하는 건축 및 건축가는?
		전공관련 자신의 강점은?
		공과대학 건물을 개선하기 위한 설문조사에서 인문계열 교수님들의 의견을 청취할 경우 그 이유는?
		존경하는 역사적 인물은?
		타인과의 커뮤니케이션 활동이나 협력을 했던 경험이 있다면?
		여행 경험 또는 가보고 싶은 곳은?
		인상깊은 전통건축과 그 이유는?

명 지 대	**2016**	현대인의 생활공간으로의 한옥이 개선되어질 부분은?
		전공관련 지원자의 성격 및 능력은?
		소통의 중요성에 대해 설명하고 이를 느낀 사례는?
		동아리 활동에 대해 말하시오.
		경복궁을 본 뒤 느낀 점은?
		소개해 주고 싶은 공간은?
		면접을 보기 위해 출발한 위치부터 도착지점까지 본 공간에 대해 말하시오.
		독특함과 창의력의 차이점은?
명 지 대	**2015**	국어국문학과에서 무엇을 배우고 싶은가?
		최근에 읽은 현대문학 작품은?
		한자 사용과 한자 교육에 대한 생각은?
		올바른 언어 생활에 대한 견해는?
		국어교육과 국어국문학의 사회적 효용성은?
		고전문학의 가치와 현대적 효용성은?
		대학에서 꼭 해보고 싶은 일은?
		중어중문과 지원동기는?
		중어중문학과 전공지원을 위해 어떤 준비를 했나?
		언어, 사회문화, 문학 가운데 가장 취약한 부분은? 어떻게 보완할 것인가?
		입학 후 공부 외 하고 싶은 일은?
		장래희망은? 중어중문학과의 관계는?
		명지대 일어일문학과 지원동기는?
		일어일문학과에서 심도있게 공부하고 싶은 분야는?
		효과적인 일본어(외국어) 학습법은?
		일본, 일본인, 일본어의 특징과 매력은?

명지대	2015	독서의 선정 기준은?
		장래진로에 일본어가 어떻게 활용되는가?
		일본 애니메이션이나 영화 중 영향을 받은 작품은?
		친구들은 지원자를 어떤 사람이라고 생각하는가?
		아랍지역학과 지원동기는?
		아랍지역학과 지원을 위해 어떤 준비를 했나?
		아랍지역과 관련된 독서경험이나 활동이 있다면?
		알고있는 아랍지역 인물은?
		좋아하는 외국어는?
		장래희망을 위해 무엇을 준비해왔나?
		입학 후 어떻게 공부할 것인가?
		노력했지만 실패한 경험은?
		부모님을 설득하는 방법은?
		조기영어교육에 대한 생각은?
		영어관련 비교과 활동 경험이 있다면?
		좋아하는 영어 노래의 가사를 소개하시오.
		나만의 영어공부 방법은?
		입학 후 학업계획은?
		장래희망은? 그와 관련 본인의 장단점은?
		사학과에 들어오기 위해 특별히 관심갖고 준비한 것은?
		사학과 지원 동기는?
		어려움을 극복한 사례는?
		역사왜곡이 일어나는 이유는?
		역사가 필요한 이유는?
		역사학을 공부하기 위해 가장 필요한 소양과 그 이유는?
		역사학에서 가장 흥미로운 주제는?
		리더로서 활동을 주도한 경험은?

명지대	2015	전공관련 수상 경력은?
		인터넷 시대 도서관의 역할은?
		도서관 이름을 통해 느낀 점은?
		리더로서 갈등을 해소한 경험이 있다면?
		전공관련 독서 경험 중 가장 기억에 남는 내용은?
		문헌정보학 공부에서 가장 중요한 것은?
		도서관 이용경험과 느낌을 말해보시오.
		미술사학과를 지망한 가장 큰 이유는?
		미술사학과를 어떻게 준비했나?
		최근에 봤던 인상깊은 전시회는?
		큐레이터 갖추어야 할 덕성은?
		역사적 지식이 미술사 학습에 어떻게 효용 되는가?
		지역 문화재 가운데 가 본 곳과 느낀 점은?
		최근에 했던 공동체 생활에서 어떤 역할을 했나?
		교내논술 경시대회에서 다룬 주제는?
		독서토론대회에서 다룬 주제와 팀원 간 협력방법은?
		《윤리와 사상》에서 가장 인상 깊은 내용은?
		《정의란 무엇인가》를 읽었다. 공리주의의 장단점은?
		동아리활동을 통해 얻은 것과 잃은 것은?
		진로희망과 전공과의 상관성은?
		동료 간 갈등을 해결하기 위해 어떤 노력을 했는가?
		행정학과 지원동기는?
		존경하는 정치적·행정적 지도자는?
		사회적 쟁점을 파악하기 위해 기울인 노력은?
		정부와 기업과 국민의 역할이란 무엇인가?
		친화력이 있다고 했다. 사례는?
		경제학과 지원동기는?

명지대	2015	불평등의 종류와 원인 그리고 해결방법은?
		쌀 시장 개방 어떻게 생각하나?
		청년 실업 해결방안은?
		수학이 경제학에 도움이 되나?
		FTA로 농민이 힘들어지면 안되나? 반면 도시인이 힘들어지는 건 어떠한가?
		전통산업은 지켜져야 하는가?
		정치와 관련 최신 기사는?
		동아시아 긴장과 갈등의 해법은?
		정치적 이견을 조정할 수 있는 능력이 있는가?
		특정 정치사안에 대해 가족 간 이견이 있다면?
		대학 4년 설계 계획은?
		고교 때 진로를 위해 준비한 내용은?
		정치학과에서 무엇을 공부하고 싶나?
		봉사활동을 통해 배운 점은?
		현재 사회적 이슈 중 가장 중요한 것은?
		감명 받은 다큐 영상은?
		기자되기 위해 준비한 것은?
		현재 가장 중요한 사회 이슈는?
		최근 본 광고영상 중 가장 기억에 남는 것은?
		신문이 사양 산업이라는데 동의하나?
		봉사활동을 통해 느낀 점과 배운 점은? 봉사활동을 위해 어떤 노력을 했나?
		진로관련 경험과 그것을 통해 느낀 점은?
		유아에게 놀이가 중요한 이유는?
		아동과 소통하는 방법은?
		아동학과에 관심을 갖게 된 이유는?
		지역사회와의 교류하는 유치원, 어린이집의 모습은?

명지대	2015	리더십을 발휘한 경험은?
		또래관계에서 왕따, 따돌림의 원인과 해결방안은?
		청소년이 경험하는 가장 큰 문제와 해결방안은?
		청소년을 지도한다는 것은 무엇이며 어떠한 활동이 있는가?
		조직의 목적을 위해 비윤리적인 행동을 해야할 경우 어떻게 할 것인가?
		청소년지도학 과목 중 가장 수강하고 싶은 과목은?
		청소년 관련 정책 중 가장 관심 있는 사항은?
		본인의 강점과 교우관계에 대해 말하시오.
		다른 사람의 의견을 조율해 본 경험이 있다면?
		전공 선택을 위해 한 특별한 경험 또는 활동이 있다면?
		하고자 하는 일은 이루기 위해 노력했던 경험은?
		경영학 중 관심있는 분야는 무엇이고 관련 역량을 키우기 위해 노력한 사례는?
		입학 후 장래희망을 위한 학업계획은?
		사업성 있는 창업 컨텐츠는?
		팀과제시 역할과 친구들 간의 의사소통 방법은?
		국제통상학과 진학 이유는?
		입학 후 공부계획은?
		FTA의 장단점은? 경제적 이득은?
		국가 간 무역이 필요한 이유와 장단점은?
		진로희망 선정 이유와 계기, 노력한 내용은?
		현재 장래 목표를 정한 계기는?
		최근에 본 국제 통상 관련 신문기사는 무엇인가?
		담뱃값 인상에 찬성하는가? 반대하는가?
		복지확대를 위해 증세를 해야 하는가?
		사회갈등을 해소하기 위한 방안은?
		기업과 정부가 빅데이터 분석에 관심을 갖는 이유는?

명지대	2015	입학 후 진로 방향에 맞춘 학업계획은?
		지원동기와 장래희망은?
		법학과 지원동기와 준비과정은?
		직업군에서 필요한 품성을 사례를 들어 이야기하시오.
		가장 좋아하는 과목과 이유는?
		사형제 폐지에 대한 의견은?
		고교활동에서 맡은 역할과 갈등조정을 해봤다면 그 성과는?
		토론활동에서 가장 기억에 남는 주제와 본인의 주장은?
		우리나라 복지수준이 적당한가? 늘려야 한다면 그 방법은?
		악법도 법인가?
		지도력을 발휘한 경험은?
		꿈을위해노력한경험이있다면?
		부진한 과목의 성적을 향상시키 위해 한 노력은?
		전공자유학부 지원 동기는?
		전공관련 능력을 키우기 위해 노력한 사례는?
		자신의 가능성 중 개발효과가 클 것으로 기대되는 것은?
		꿈을 실현하기 위해 도전한 사례는?
		장래희망과 실현을 위해 갖추어야 할 능력은?
		대학 4년간 중점적으로 학습할 분야는?
		성실하게 봉사한 경험이 있다면?
		수학을 배우면서 가장 재미있고 흥미롭게 배운 영역은?
		수학을 공부하면서 가장 필요한 것은?
		수학과에 지원하기 위해 준비한 것은?
		적분의 정리를 소개하시오.
		동아리활동 경험과 자신의 역할은?
		물리시간에 했던 실험 중 가장 기억에 남는 것은?
		취업이 어려울 경우 어떻게 준비하는가?

명지대	2015	진로 관련된 경험과 자신의 역할에 대해 말하시오.
		본인의 장점과 단점은?
		지원학과와 관련된 활동이 있다면?
		장래희망 결정 동기는?
		장래희망과 그 희망을 달성하기 위해 한 노력은?
		학업계획은?
		화학과 관련된 특별한 경험이 있다면?
		친구 사이 갈등을 조절했던 경험과 그를 통해 배운 점은?
		학교 생활에서 다른 사람을 배려했던 경험이 있다면?
		전공분야 지식함양을 위해 어떤 노력을 했나?
		패스트푸드와 슬로우푸드에 대한 의견은?
		식생활, 식습관의 문제에 대해 말하시오.
		맛이 있는 음식, 영양이 좋은 음식 중 어떤 것이 좋은가?
		전공 관심 분야는?
		장래희망과 전공의 연관성에 대해 말하시오.
		리더십 관련 어떤 노력을 했나?
		기억에 남는 전공관련 책과 그 내용은?
		전공관련 지식 습득을 위해 어떤 노력을 했나?
		가장 흥미있다고 느낀 전공 분야는?
		동아리활동 중 성실성을 말해줄 수 있는 사례는?
		수학교과 내용 중 좋아하는 부분과 싫어하는 부분은?
		수상실적 중 수학이나 과학관련 내용은?
		과학과목 중 좋아하는 부분과 싫어하는 부분은?
		전공이나 진로에 도움이 된 책과 그 이유는?
		손해를 감수하고 타인을 배려했던 경험이 있다면?
		도전이란 무엇인가. 도전한 경험이 있다면?
		어떤 사람이 이공계에 잘 어울리는가?

명지대	2015	SNS 또는 게임이외에 PC를 사용해 본 경험이 있다면?
		자기관리 방법은?
		수학, 물리, 화학 등 기초과학 수업에서 인상적이라 느낀 수업내용은?
		전자공학이란 무엇을 배우고 어디에 적용되는 학문인가?
		고교시절 했던 과학 실험 중 하나를 골라 설명하고 적용된 원리를 말하시오.
		고등학교 재학 중 기억에 남는 경험이 있다면?
		관심분야에 대한 구체적 경험은?
		미분이 응용되는 예는?
		프로젝트 수행 시 팀워크를 위한 역할은?
		정보보안 전문가가 가져야 할 특징은?
		최근 읽었던 책이 나의 삶을 어떻게 변화시켰나?
		정보통신공학은 무엇을 공부하나?
		화학공학과 진학을 위한 비교과활동에 대해 말하시오.
		화학공학과 연관된 과목에 대해 말하시오.
		전공관련 동아리활동에 대해 말하시오.
		공동 작업에서 팀원들의 자발적 참여를 이끌어 냈던 경험이 있다면?
		교과 성적을 향상을 위해 어떤 노력을 했나?
		장래희망은?
		좋아하는 교과목과 좋아하게 된 교과목은?
		공학이 자기 적성과 잘 맞는다는 것을 확인하기 위해 했던 노력은?
		신소재공학과 지원동기는?
		이수 교과목(과학), 전공 결정에 도움을 준 부분이 있다면?
		진로, 꿈을 이루기 위해 어떤 노력, 전략을 가지고 있나?
		전공이나 진로에 도움이 된 책과 그 이유는?
		컴퓨터관련 특별활동에 대해 말하시오.

명지대	2015	가장 향상이 많이 된 과목과 그 비결은?
		지원 동기는?
		전공관련 독서활동에 대해 말하시오.
		효과적인 공부방법은?
		스마트폰 앱 중 사용하고 있는 것은?
		스마트폰 선택 기준은?
		갈등을 해결한 사례가 있다면?
		연비측정 장치가 없는 차의 연비를 계산하는 방법은?
		가장 인상 깊었던 토목시설물은 어떤 것이며 특징은?
		국제경쟁력있는 토목기술자와 자질은 무엇이며, 그 자질을 갖추기 위해 입학 후 어떤 노력이 필요한가?
		존경하는 인물과 그 이유는?
		중 · 고등학교 기간 중 인상 깊었던 실험은?
		토목 건설분야에서 다루는 재료는?
		공부를 해야 하는 이유는?
		감명깊게 읽은 책과 그 이유는?
		교통공학과에서 무엇을 배우고 싶은가?
		미래의 교통기술은?
		제일 재미있는 놀이기구는?
		기계공학관련 활동 경험에 대해 말하시오.
		친구와 의견이 다른 경우 대처방법은?
		산업경영공학과를 지원하기 위해 준비한 과정에 대해 말하시오.
		산업경영공학은 무엇을 하는 학문인가?
		진로와 전공이 어떻게 연관되어 있는가?
		산업경영공학과만의 특성은? 본과에서 잘 할 수 있는 것은?
		인생의 목표는 무엇인가?
		산업경영공학과를 기반으로 한 경영과 문과에서 접근하는 경영의 차이점은?

명지대	**2015**	왕따, 관심병사의 해결방안은?
		전공자유학부 지원 이유와 전공분야에 관심을 갖게 된 이유는?
		희망학과 선택을 위한 노력은?
		자신의 꿈을 위해 대학 4년 간 실천하고 싶은 것은?
		장점은 무엇이고 발전시키고 싶은 것은?
		장래희망과 갖추어야 할 능력, 또 노력해야 할 점은?
		전공을 위해 어떤 활동과 노력을 할 것인가?
		최근 읽은 책에서 느낀 점과 전공과 관련성은?
		삶의 기쁨과 슬픔에서 배운 점은?
		동아리 · 자율활동에서 배운 점은?
		시각디자인 지원을 위해 준비한 것은?
		좋아하는 디자이너는?
		명지대학교 시각디자인과 지원동기는?
		좋아하는 작품과 이유는?
		친구들과 여행을 간 경험이 있는가?
		전공을 위해 어떤 노력을 했는가?
		산업디자이너(제품디자이너)가 갖춰야 할 소양은?
		산업디자인분야의 롤모델이나 관심있는 디자이너가 있다면?
		명지대 산업디자인전공 지원이유는?
		입학 후 학업계획은?
		디자인 분야 내 여러 전공에 대한 차이점을 말하시오.
		타인을 위한 공동체활동을 한 경험이 있다면?
		대학에서 공부하기 위해 도움이 되는 학업활동은?
		영상디자인전공 지원동기와 전문가로서 구체적인 목표는?
		목표를 이루기 위해 명지대 영상디자인전공이 도움이 되리라 생각하는가?
		어떤 디자이너가 되고 싶은가?

명지대	2015	존경하는 디자이너와 그 이유는?
		전공관련 본인의 특성은?
		단체활동 경력이 있다면? 어떤 즐거움이 있었는가?
		부모님은 학생본인을 어떤 인물이라고 평가하는가?
		인상 깊게 읽은 영화관련 전문서적은?
		인상 깊게 본 영화와 그 이유는?
		영화감상을 통해 배우고 느끼는 것은 주로 무엇인가?
		영화제의 존재이유는?
		가장 큰 도전 경험과 도전을 이겨내기 위해 어떤 노력을 했는가?
		이·문과, 예체능 계열로 나누어 대학입시를 준비한다면 건축학은 어디에 해당되는가? 본인의 소양은?
		가장 잘하는 과목을 예를 들어 건축공부에 어떤 도움이 되는지말하시오.
		건축학전공에 대해서 더 알아보기 위해 한 일은?
		건축 혹은 전통건축물 중 감명 깊게 본 것은?
		본인이 희생해 타인을 도와준 경험이 있는가?
		전통건축전공에 대해 알아 보기 위해 본인이 취한 행동은 무엇인가?
		전통건축이 사람들을 위해 어떤 공헌을 할 수 있다고 생각하나?
		미술교육(교내) 안에서 본인이 즐기거나 잘한다고 느끼는 재능은?
		공간디자이너로서 가장 어려울 것 같은 점은?
		본인이 경험했던 공간 중 기억에 남는 곳은?
		변화하고 싶은 부분이 있다면?
		건축과 공간디자인의 학업이나 진로상 다른점은?
		자동차 내부 디자인시 어떤 부분이 고려되어야 하는가?
		여러 활동이나 경험 중 공간디자인 공부시 도움 될 만한 것이 있다면?
		공간디자이너가 갖춰야 할 소양과 덕목은?
		기억에 남는 봉사활동과 그 이유는?

명지대	2016	가장 친한 친구에 대해 이야기 하시오.
		지원이유는?
		좋아하는 과목과 싫어하는 과목은?
		고등학교 생활 중 가장 기억에 남는 일은?
		자신의 장점은?
		꿈을 이루기 위해 준비한 일은?
		환경정화활동에 참여했다. 무엇을 했고 느낀 점은?
		취미나 좋아하는 운동은?
		합격 이후 학교생활 계획은?
		존경하는 수학자는?
		자신의 삶에 가장 영향을 많이 준 사람은?
		전공을 위해 더 열심히 해야 하는 과목은?
		장애로 인해 학업에 있어 힘들었던 점과 극복 방법은?
		최근 봉사활동 경험은?
		현재 직장에서 대인관계로 어려웠던 경험이 있다면?
		직장과 학업을 병행하기 위한 계획은?
		전공관련 어떤 활동을 했나?
		전공관련 장래계획은?
		관심 분야와 그 이유는?
		직장 경력에서의 인상적인 체험이 있다면?
		사회생활 중 성취 사례는?
		전공 이수 후 진로는?
		해당 직장에서 전문성 제고 방안은?
		부동산 시장의 흐름에 대해 이야기하시오.
		전세 가격 변동에 대한 의견은?
		직장 경력에서의 인상적인 체험은?
		사회생활 중 성취한 사례가 있다면?

명지대	**2015**	동아리나 전공공부 외 대학에서 하고 싶은 일은?
		정책의 개념은 무엇인가?
		명지대 문예창작학과 지원 동기는?
		문학을 공부하면서 인생을 바라보는 시각에 달라진 점이 있다면?
		문학스터디를 한 적이 있는가?
		좋아하는 현대작가와 시인은?
		한국문학의 세계 진출에 대한 생각은?
		본인을 문학으로 이끈 계기는?
		본인이 쓴 작품 중 가장 인상적인 작품의 제목과 내용은?
		자신이 되고자 하는 작가는 어떤 모습인가?
		문학 외에 인문학관련 관심 분야는?
		공동체를 위해 일한 경험이 있다면?
		스포츠 정신으로 다른 사람들을 도왔던 경험이 있다면?
		학습과 운동을 병행할 때 예상되는 점은?
		이 운동을 선택한 특별한 이유는?
		운동선수에게 제일 필요한 덕목과 그 이유는?
		장점과 단점은? 단점을 보완하기 위한 노력은?
		선수 생활 중 가장 힘들었던 점과 극복방법은?
		대학생활 중 하고 싶은 것은? 장래희망은?
		가장 존경하는 선수와 그 이유는?
		단체운동경기에서 단합이란 무엇인가?
		팀의 사기를 올리기 위해서 어떤 노력을 했는가?
		자신의 포지션에서 다른 선수들보다 나은 점은?
		운동 외 취미는 무엇인가?
		슬럼프나 스트레스를 극복하기 위한 노력은?
		평소 자기관리는?
		운동목표와 인생목표는?

명지대	2015	운동선수 생활에서의 어려움은?
		체육인으로서 사회에 봉사할 수 있는 능력이 있다면?
		바둑 외 취미는?
		공동체 활동 및 봉사활동 경험이 있다면?
		바둑공부 경험은 어땠는가?
		바둑 마케팅은 무엇인가?
		바둑학에서 배우고 싶은 분야는?
		졸업 후 진로계획은?
		학교생활은 어땠는가?
		전공관련 기억에 남는 경험과 그 내용은?
		명지대학교 지원 동기는?
		뮤지컬 경력은?
		노래, 춤, 연기의 기본 실력을 평가한다면?
		뮤지컬에서 가장 중요한 것은?
성균관대	2016	스포츠과학을 전공으로 선택하게 된 학문적 동기는?
		학문적 동기를 성취하기 위한 구체적인 목표는?
		학업 외 관심 분야와 그 이유는?
		전공관련 활동은 무엇이며, 수행한 역할은?
		지원동기는?
		가장 힘들었던 시기 또는 사건이 있다면?
		의예과에서 특별히 배우고 싶은 분야 또는 전공은?
		의예과 입학 후 학업계획은?
		10년 뒤 어떤 사람이 되어 있을 것 같나?
		전공을 선택한 이유와 영향을 준 것이 있다면?

성신여대	2016	다른 사람을 도와 준 경험이나 협력해서 어떤 일을 성공적으로 수행한 경험이 있다면?
		대학생활 계획과 각오는?
		강점과 약점은 무엇이고, 이것이 전공에 어떤 영향을 주는가?
		롤모델과 그 이유는?
		졸업 후 사회에 어떤 기여를 하고 싶으며 그에 대한 노력은?
		대학생활 중 가장 중요한 것은? 또 어떤 대학생활을 하고 싶은가?
		어려움을 극복한 사례와 배운 점은?
		졸업 후 진로와 사회에 어떻게 기여할 것인지 말하시오.
		이 종목을 선택한 이유는?
		운동의 신체적, 심리적 긍정적 효과에 대해 설명하시오.
		지원동기와 입학 후 각오는?
		성신여대 미디어영상연기학과를 선택한 이유와 하고 싶은 것은?
		다른 활동과 학업을 어떻게 병행할 계획인가?
		작업했던 작품 중 인상적이었던 것은? 어떤 점이 공부가 됐나?
		피아노에 관한 이야기를 만들어보라.
		자신에게 가장 영향을 준 음악과 이유는?
		지원동기와 학업계획은?
		댄스스포츠 입문 후 어려움과 고난을 극복하고 성취를 느낀 사례와 느낀점을 말하시오.
		전공분야에 대한 가치관과 철학은 무엇이며 어떤 모습의 예술인이 되고자 하는가?
		외국과 비교했을때 한국사회가 지니고 있는 심각한 문제 한 가지와 그 해결책을 말하시오.
		인간은 이성적인가, 감성적인가? 또는 두 요소를 함께 가지고 있나? 구체적인 예를 들어 설명하시오.
		졸업한 고등학교의 교육 상 장단점을 논하고 이것이 전공 공부에 어떻게 적용시킬 수 있을지 설명하시오.

성신여대	2016	대한민국의 미래 과제 중 가장 중요한 것과 그 이유는?
		가장 힘들었던 시기 또는 사건과 극복 방법은?
		유전자변형 식품에 찬성하는가? 반대하는가? 그 이유는?
		졸업 후 10년 뒤 내 모습은? 또 롤모델과 그 이유는?
		미술적 재량과 관심분야 그리고 작품제작에 있어 앞으로의 계획은?
		지원동기는? 전공에 대한 본인의 생각은?
		대학생활 중 하고 싶은 것은?
		졸업 후 10년 뒤 모습은? 그렇게 되기 위해선 어떤 노력이 필요한가?
숙명여대	2016	지원동기는?
		장래희망은 무엇이고 이와 관련해 어떤 활동을 했는가?
		정치외교학과에서 원하는 학생은 어떤 소양과 적성을 갖추어야 하는가? 본인은 그런 소양과 적성을 갖추고 있는가?
		교내외 봉사활동을 통해 느낀점은?
		숙명미래리더전형에 적합하다고 생각하는 이유와 구체적인 리더십 사례는?
		독서활동 중 가장 인상깊었던 책과 본인에게 미친 영향은 무엇인가?
		합격 시 희망활동은?
		부족한 점은 무엇이고 극복하기 위한 노력은?
		테슬전공 학생에 필요한 적성과 소질은 무엇이고, 본인은 어떤 소질을 가지고 있는지?
		미래인재에게 요구되는 자질과 능력은 무엇이고 어떤 노력을 해야 하는가?
		자기주도학습경험을 말해보시오.
		자기소개와 지원동기를 말하시오.
		가족학 전공자로서 사회에 기여할 수 있는 방안은?
		자기소개를 해보시오.

숙명여대	2016	독서를 통해 얻은 지식은?
		여성과학리더로 성장하기 위해 어떻게 준비하고 있는가?
		본인의 단점과 극복 방안은?
		전공관련 읽었던 책이나 활동은?
		동아리에서 어떤 활동을 했나?
		특성화고 지원동기는?
		Why did you choose to apply to Sookmyung?
		Why did you apply to political science program?
		What would be the advantages and disadvantages for attending women's university?
		Can you tell us about yourself?
		How do you define a 'Environmental Design'?
		What is your strength and weakness?
		What do you plan to study in Dept. Environmental Design?
		입학 후 학업계획은?
		What made you apply to TESL?
		Could you please elaborate what you did with your ability?
		Why are you applying?
		What do you want to focus after coming to our school?
		숙명여대 체육교육과 지원동기는?
		장점과 단점은?
		체육교육과와 자신의 꿈과 희망이 잘 부합되는가?
		최근 본 감동적인 영화나 책을 소개하시오.
		스포츠 리더십을 발휘했던 경험 혹은 그에 대한 성찰은?
		대인관계에서 어떤 영향을 발휘 했는가 혹은 어떤 영향을 받았는가?

숙명여대	2015	많은 중소기업들이 외국인 노동자 고용 확대를 희망하고 있다. 정부는 외국인 노동자의 고용 비율을 제한하는 쿼터제를 시행하고 있다. 이에 대한 생각은?
		현재 대학수학능력시험은 교육방송(EBS) 강의와 특정 비율로 연계되어 출제된다. 이러한 출제 방침에 대한 생각은?
		모 항공사가 승무원들에게 유니폼 착용 상태에서 '공공장소이동 중 전화사용 금지', '커피 등 음료수를 들고 다니며 마시는 행위 금지' 등의 내용을 담은 지침을 내렸다. 기업의 개인행동 규제에 대해서 어떻게 생각하는가?
		에볼라 바이러스와 같은 전염성 질환에 감염된 국민을 국내로 이송해 치료하는 것이 적절한지, 아니면 국내전염을 막기 위해 해외에서 치료 후 귀국하게 하는게 적절한지 말하시오.
		공공장소에서 무분별한 스마트폰 사용이 사회적 문제다. 특정 공간에서 금연 구역과 같이 스마트폰 사용을 법으로 규제하는 제도에 대해 어떻게 생각하는가?
		미국의 전기자동차회사가 자사의 주요 특허 기술을 무료로 공개했다. 기업이 보유한 핵심 기술이나 특허를 공유하는 것과 독점하는 것 중 어떤 선택이 그 기업의 성장에 더 도움이 되는가?
		SNS의 발달은 소통의 틀을 크게 바꾸어 놓았다. 이 같은 통신기술의 발전이 우리 생활에 끼치는 영향과 앞으로 어떤 변화가 더 있을 것이라 생각하는가?
아주대	2016	빅데이터를 활용한 연구를 바탕으로 이를 컴퓨터공학에 접목하고 싶다고했다. 빅데이터 활용 방안에 대해 더 말해 보시오. 이로인한 경제적 효과는 무엇이며, 이를 컴퓨터공학에 어떻게 적용하는가?
		관심분야를 찾기 위해 무엇을 했나?
		빅데이터라는 관심분야를 알아보기 위해 고민한 것은?

162

연세대	2016	창의성 입증자료 내용 중 자신 있는 부분 세 가지를 소개하시오.
		자신의 창의성을 입증 할 수 있는 활동실적은?
		자신의 장점은?
		항일 무명 열사들을 홍보해야 한다. 그렇다면 교과서에 다 등재해야 하는가?
		개인과 사회의 연관성은?
		자신의 정치적 입장을 설명하시오. 자신의 정치적 입장과 반대되는 정치적 입장을 반론하시오.
이화여대	2016	내 인생의 멘토, 롤모델과 그 이유는?
		조별활동 중 역할을 다하지 않는 친구가 있다면 대처방법은?
		학교생활 중 최고의 성과는?
		학업 성취를 높이기 위한 학습방법은?
		학교활동 중 주로 맡은 역할은?
		지원 전공 분야에서 이루고 싶은 일은?
		리더십을 발휘한 사례는?
		친구들이 말하는 본인의 특징은?
인하대	2016	성장 중 가장 큰 영향력을 미친 사람은 누구이고 어떤 영향을 받았나?
		남들보다 조금 어려운 환경에서 지내왔다. 다른 학생과 차별되는 장점은?
		가장 어려웠던 시기는 언제이고 극복 방법은?
		자신과 비슷한 상황에 있는 중고등학교 후배에게 해주고 싶은 조언은?
		임원으로서 가장 기억에 남는 경험은?
		임원으로서 가장 어려웠던 일과 해결방법은?
		임원으로 활동하면서 무엇을 배웠나?
		임원으로 활동하면서 부족했던 점과 극복방법은?
		임원으로 활동하면서 가장 달라진 점은?

인 하 대	**2016**	OO에서 봉사했다. 계기와 봉사 내용은?
		기억에 남는 봉사활동과 그 이유는?
		봉사활동을 통해 무엇을 배웠나?
		봉사활동을 하면서 가장 달라진 점은? 봉사활동이 자신의 생각이나 가치관, 습관 등에 어떠한 영향을 미쳤다고 생각하나?
		OO동아리 활동을 했다고 했다. 동아리의 성격과 활동에 대해 말하시오.
		동아리활동 중 가장 인상 깊었던 활동과 그 이유는?
		대학에서 하고 싶은 동아리나기타활동이 있다면?
		OO 책(프로그램)을 봤다고 했다. 그 내용은? 왜 그 책(프로그램)이 인상적이었는가?
		꾸준히 전공관련 독서(신문기사 스크랩, 방송 시청 등)를 했다고 했다. 가장 기억에 남는 책(기사, 프로그램 등)은?
		좋은 성적을 위한 자신만의 공부 방법은? 입학 후 좋은 성적을위해 어떤 노력을 할것인가?
		성적을 많이 향상시켰다고 했다. 어떤 노력을 했나?
		다양한 활동을 했다. 시간관리 방법은?
		OO분야에서 일하기를 희망한다고 했다. 그분야에서 어떤 역할을 하고싶은가?
		장래희망이 OO라고 했다. 꿈을 가지게 된 계기는? 대학생이 되면 OO가 되기 위해 어떠한 준비를 할 계획인가?
		장래희망이 OO라고 했다. OO에게 가장 필요한 자질은? 대학생이 되면 그러한 자질을 갖추기 위해 어떤 노력을 할 것인가?
		앞으로 OO가 되고 싶다고 했다. OO로서 자신이 가지고 있는 장점이나 부족한 점은? 실력 있는 OO가 되기 위해 어떤 대학생활을 보내고 싶나?

인하대 2015

장래희망이 OO라고 했다. 구체적으로 앞으로
어떤 프로그램(회사, 광고 등)을 만드는 OO가 되고 싶나?
이를 위해 대학기간 동안 어떤 준비를 할 계획인가?

앞으로 OO가 되고 싶다고 했다. 그 분야 롤모델과 그 이유는?

OO에서 OO을 했다고 했다. 구체적으로 어떤 활동이며 배운 점은?

OO 했다고 했다. 계기는? 구체적으로 어떤 일을 했나?

좋아하는 사자성어 또는 속담과 그 이유는?

남성에게만 병역의 의무를 부과하는 것은 양성평등에 어긋나는가?

한국에서는 학생들이 질문을 많이하지 않는다.
이유는 무엇이고 질문을 많이 하도록 하려면 어떻게 해야하는가?

언어폭력이 나날이 심해지고 있고 이는 신체폭력보다
더 심각하다는 견해가 있다. 그 이유와 해결 방법은?

OOO학(지원전공) 과학기술자로서 저개발국가에
기술지원을 한다고 가정했을 때, 어떤 기술 또는 발명품을
가져가고 싶은가? 그 이유는?

OOO학(지원전공)분야에서 만들어진 기술이나 발명품은
필요에 의해 만들어졌지만, 인류의 삶에 부정적인 영향을
끼친 것도있다. 사례를 들어보시오.

당신은 의사다. A양은 여러 번의 가출 끝에 최근 마음을 바로잡고
집으로 돌아왔는데 열이 나고 피부에 반점이 나타나 당신을 찾아왔다.
검사를 해보니 후천성면역결핍증후군(AIDS)이다.
A양은 가족들에게 절대 알리지 않고 치료도 하지 않기를 요청한다.
후천성면역결핍증후군은 전염성질환이고 완치는 될 수 없지만
살면서 일상생활을 할 정도의 유지 치료가 가능한 병이다.
의사로서 어떤 조치를 하겠는가?

암은 비정상적인 세포의 증식과 조직 침투 및 전이에 의해 발생하는
질환이다. 암의 발생기전과 치료방법에 대해 설명하시오. (2분내)

조 선 대	**2015**	대학 4年 동안 한 가지 일을 꾸준히 하는 것과 다양한 일들을 경험하는 것 중 어떤 것을 선호하는가? 자신의 계획과 관련지어 이야기해보시오.
		학교 무상급식에 대해 찬성하는가? 반대하는가?
		노인 인구가 급증하면서 건강하게 오래 사는 것에 대한 관심이 높다. 건강수명증가를 위한 체육의 역할과 필요성에 대해 설명하시오.
		지원동기와 졸업 후 희망진로에 대해 말하시오.
		학급 내에서 해결 가능한 일을 교장선생님 또는 교육청에 민원을 통해 제기하는 학생이 있다. 담임교사라면 어떻게 이 학생을 지도할 것인가?
중 앙 대	**2016**	교내 문인연구보고서 대회를 위해 신석정의 〈아직 촛불을 켤 때가 아닙니다〉를 해석했다. 이 시 속 촛불이 의미하는 것은? 시인이 우리에게 암시하는 것은?
		기아와 난민 해결방안을 의제로 모의 유엔을 진행했다. 의제에 대한 세계 각국의 태도와 본인의 입장은?
		도서부활동을 하면서 가장 보람있던 사례는? 도서부로서 학생들에게 도서관 이용을 늘리기 위해 한 노력은?
		물류산업 CEO가 꿈이라고 했는데, 국제물류학과 대신 글로벌금융전공을 지원한 이유는?
		경영경제연구반에서 소비자 설문조사를 했는데, 설문의 내용은 무엇이었고 설문 회수율은 얼마나 되었고, 유의미한 결과는 어떤 것이었나?
		학생회장 선거 당시 선거공약은? 학생회장으로서 학교에 기여한 부분은?
		적분과 통계에서 좋은 성적을 얻었다. 앞에 있는 주스병의 부피를 구하는 방법을 설명하시오.
		학생부에 샤를법칙에 대해 열심히 공부했다고 했다. 샤를법칙과 보일법칙에 대해 설명하시오.

중앙대	2016	청소노동자 관련 활동을 했다고 했다. 어떤 행동을 했고, 실제로 바뀐점이 있다면?
		빅데이터 관련 소논문을 썼다. 실생활에서 빅데이터 활용 예를 든다면?
		《처음 만나는 민주주의 역사》라는 책을 읽었다. 민주주의가 어떻게 태동되었고 지금 같이 많은 국가들의 지지를 받았는지 설명하시오. 또 민주주의 사회의 일원으로서 고민했던 점이 있다면?
		《법과 정치》 수행평가로 중소기업 적합업종제도의 의미와 제도에 대해배웠다. 이것을 설명해 준다면?
		과학적 소양을 가지고 있다고 했다. 이 소양을 어떻게 경영학에 접목시킬 것인가?
		독서 세부 특기사항에 소크라테스의 명언 '네 자신을 알라'에 감명받았다고 했다. 이 명언이 주는 의미는?
		다문화가정 어린이 멘토링을 했다고 했다. 우리나라 다문화교육 실태는? 바람직한 다문화교육의 방향은 어떠한가?
		예비교사동아리에서 수업활동을 했다고했다. 수업준비를 하며 가장 신경썼던 부분은? 좋은 수업이란 어떤수업인가?
		통계가 우리 생활에 주는 영향은? 어떤 관계가 있다고 생각하는지와 그 부정적 측면에 대해 설명하시오.
		동아리에서 공정무역에 대해 토론했다고 했다. 공정무역의 필요성과 공정무역이 가지는 부정적인 효과는 무엇인가?
		동아리활동을 통해 과거 정보전달위주의 광고가 현재 감성자극광고로 이동하는 추세라고 했다. 그 이유는?
		실험대회에서 금상을 탔다. 어떤 실험이었나?
중앙대	2015	교사에게 제일 필요한 덕목과 그 이유는?
		어떤 선생님이 가장 훌륭한 선생님인가?
		교사로서 일하는데는 팀플레이가 중요한가 개인플레이가 중요한가?

중앙대	2015	학교를 평준화하거나 다양화하는 정책 중 어떤 것이 바람직한가?
		학교폭력 사건에서 가해학생을 학교생활기록부에 기록해 진학에 불이익을 주는 것에 대해 어떻게 생각하는가?
		작성 했던《사씨남정기》비평문의내용은?
		《헝거게임》을 읽었다. 영문판을 읽었나, 국문판을 읽었나?
		꿈이 정치가다. 정치가가 되면 먼 저하고 싶은 일은?
		기억에 남는 봉사활동은?
		독거노인을 위해 어떤 활동을 했나?
		사회학이 검사에 어떤 도움이 되는가?
		시사토론 동아리를 했다. 기억에 남는 사회적 이슈는?
		성적이 우수하다. 공부방법은?
		동아리가 사라질 뻔했다. 갈등을 극복한 방법은? 그 과정에서 협력한 사례는?
		국제 물류와 무역의 차이점은?
		독서보단 신문 기사를 읽었다고 했다. 그 이유는?
		동아리장으로서 어려웠던 점은?
		아리스토텔레스가 대통령이었다면 어떤 나라가 되었을것 같나?
		보건복지부 장관이 된다면 어떤 정책을 펼치고 싶은가? 두 가지 이야기하라.
		친구가 봉사를 단순히 시간을 채우기위해 한다면, 친구에게해줄말은?
		토론대회에 참가했다. 당시 주제와 논거는?
		토론동아리를했다. 기억에 남는 시사이슈와 토론방식은?
		다른 과목에 비해 과학점수가 낮다. 그 이유는?
		영문학과 홈페이지에 들어가 본 적이 있나?
		학생생활기록부에 썼던 책의 내용을 말하시오.
		국민연금관련 논문대회에 참가했다. 주제와 느낀점은?

중앙대	2015	R&E의 주제는?
		유럽문화학부 지원동기는?
		유럽문화학부에선 무엇을 배우는가?
		사회복지학부 지원동기는?
		청소년폭력방지 발표대회에 참여했다. 준비는 어떻게 했고, 느낀 점은?
		독서량이 적은데 이유는?
		책을 읽지 않은 이유는?
		학교폭력상황을 목격한다면?
		봉사시간이 200시간이다. 어떤 봉사활동인가?
		세포호흡을 나만의 언어로 설명하시오.
		기억에 남는 책과 그 내용은?
		공학이 무엇인지 자신만의 언어로 정리하시오.
		예술과 공학의 차이는?
		예술과 공학을 평점을 매긴다면?
		식량난의 해결방안은?
		컴퓨터공학 기본지식을 가지고 있나?
		코딩과 같은 전공 지식이나 경험이 있다면?
		컴퓨터공학과지원동기는?
		진로계획은?
		건축공학부에지원동기는?
		잘하는 분야는 무엇인가?
		잘하는 분야와 건축학과와의 연관성은?
		동아리활동에 대해 말하시오.
		기억에 남는 동아리활동과 그 내용은?
		간단한 계산식을 보여주고 암산으로 미분하시오.
		동아리활동 중 힘들었던 점은?

중앙대	2015	주스 병의 부피를 구하는 방법은?
		과학탐구토론대회에 나갔다. 주제는 무엇인가?
		수학경시대회에서 상을 받은 비결은?
		수학 성적이 저조한 이유는?
		동아리 활동에 대해 말하시오.
		학교에서 했던 활동이 있다면?
		경시대회에 입상했다. 대회를 소개하시오.
		봉사활동을하게된계기는?
		간호사로서 태도를 배울 수 있던 책이 있었다면?
		번역봉사를 한 책의 내용은?
		현재 전교 몇등인가?
		번역봉사를 했을 때 총 몇 페이지 번역 했나?
		예술의 사회적 역할은?
		예술의 사회적 기능은?
		고흐와 피카소 둘 중에 하나가 된다면?
		독서활동 내용을 말하시오.
		소논문 내용에 대해 말하시오.
		수준이 다른 학생을 고려한 학습방법은?
		《노인과 바다》《동물농장》 중 어떤 책을 골라 어떤 수업을 하고 싶은가?
		성적이 들쑥날쑥하다. 자신의 성적 곡선에 대해 이야기하라.
		꿈이 있다면?
		학생회장으로 했던 활동은?
		성적에 대해 평가한다면?
		지원동기는?
		입학 후 진로계획은?
		반수 이유는?

중앙대	*2015*	꿈을 가진 계기는?
		도서관 변화에 대한 생각은?
		Screen Monopoly에 대한 기사를 썼다. 그 내용은?
		도서관 봉사활동 이외의 봉사 활동이 있다면?
		《운하의 소녀》에서 운하는 어디에 있나?
		역사가의 기질이란?
		일반적이고 다수의 역사학자들의 의견을 따르는 것이 옳은가?
		사실에 근거하되 다른 관점이 존재하는 경우 인정해야 하는가?
		동북공정, 영토분쟁 등등에 대해 말해보시오.
		교육 봉사활동을 하면서 힘들었던 점은?
		써머힐에 관해 말해보시오.
		유아교육의 정책에 대해 말해보시오.
		수학성적이 내려간 이유는?
		1학년 때에만 독서한 이유는?
		진로가 바뀐 이유는?
		철학과에 지원한 이유는?
		고등학교 수준을 말해보시오.
		지원동기는?
		봉사활동을 하면서 힘들었던 점은?
		과학탐구대회에서 느낀 점은?
		기억나는 책은?
		입학 후 배우고 싶은 분야는?
		수학성적이 낮은데 이유는?
		질소고정세균과 콩과 식물의 공생에 대해 설명하시오.
		꿈이 식물육종가다. 어떤 식물 품종을 개량하고 싶은가?
		지구온난화의 원리는?
		직렬, 병렬 연결의 저항 계산에 관해 말해보시오.

중앙대	2015	앞으로 산이 여러 개 있을 텐데 어떻게 극복할 것인가?
		통계학자들이 잘 범하는 오류는?
		마지막으로 하고 싶은 말이 있다면?
		RNA효소에 관해 말해보시오.
		화학실험에 흥미가 있었던 이유는?
		앞에 있는 물병 부피를 구하시오.
		렌츠 법칙에 관해 말해보시오.
		보어의 수소 원자 유도에 관해 말해보시오.
		굴절, 반사, 회절의 정의는?
		속력, 속도, 가속도의 정의는?
		나노 기술이란?
		반장을 했던 경험에 대해 말하시오.
		실험 중에서 특별하게 기억나는 것이 있다면?
포항공대	2016	독서활동상황에 기록된 책 중 가장 감명깊게 읽은 책과 그 이유는?
		자기소개서 3번에 기록한 배려와 협력 실천 상황에 대해 말하시오.
		리더십을 발휘한 사례는?
		생명과학분야에 관심이 많다고 했다. 이 분야에서 해결해야 할 중요한 문제 세가지를 말하시오. 또 그 중 가장 관심을 가지는 것은?
한국외대	2016	언어와 문자에 대한 정의를 말하고 둘의 관계에 대해 설명하시오.
		조직 내 갈등의 순기능과 역기능을 설명하시오.
		문화의 정의를 내리고, 문화의 보편성과 특수성에 대해 설명하시오.
		정부간자유무역협정(FTA)을 맺는 이유와 문제점을 제시하시오.
		익명성에의한 사이버윤리문제가 대두되고 있다. 이에 대한 대책으로 인터넷실명제가 거론되는데 찬반의견을 밝히시오.
		세계적으로 경기불황이다. 경기회복을 위해 정부가 취할 수 있는 정책은?

한국외대	2016	자본주의와 사회주의의 특징을 비교해 설명하시오.

자본주의와 사회주의의 특징을 비교해 설명하시오.

고령자의 임금을 낮춰 청년층을 고용함으로써 청년실업률을 감소시킬 수 있다는 주장에 대한 생각은?

디지털 신호를 아날로그 신호와 비교하시오.
또 단백질을 구성하는 20가지 필수아미노산을 2진법 디지털 신호로 표현하기 위해 최소 몇 비트가 필요한지 설명하시오.

외부 에너지없이 차가운 바닷물의 열에너지만을 이용해 계속 움직이는 배를 만드는 것이 가능한지 설명하시오.

광합성-화석연료의 생성-화석연료의 연소로 연결되는 탄소의 순환과정을 산화와 환원의 관점에서 설명하시오.

현재 사용되고 있는 스마트폰에는 센서를 기반으로 한 다양한 편의 기능이 탑재되어 있다. 그 중 한가지 기능을 예로 들어 센서의 작동원리와 함께 설명하시오.

아리스토텔레스는 '법을 지키지 않는 사람과 욕심이 많고 불공정한 사람은 모두 부정하다'고 주장한다.
그는 욕심이란 단어를 통해 사회적 분배정의의 문제를 제기하고있다. 종교개혁 시기 칼뱅의 이상적인 그리스도교인의 관점에서 아리스토텔레스의주장을반론하시오.

한국에서 법학전문대학원의 도입은 한국사회의 갈등과 분쟁양상이 첨예화되고 있음을 상징적으로 대변한다.
소송은 분쟁해결을 위한 가장 일반적인 방식이다. 그렇지만 소송을 통한 분쟁 해결은 시간과 경제적으로 손실이 크고 분쟁당사자들의 정신적 고통과 상처를 낳는 등 사회통합을 해치는 측면이 크다. 이것의 대안을 제시하시오.

한 프랑스 사회학자에 따르면 텔레비전은 다양한 일상사들을 강조함으로써 정당한 시민권을 행사하기 위해 필요한 비판적인 정보를 멀리하게 하고 민주적인 권리행사에 저해요인으로 작용한다. 이에 대한 대안으로 독서행위가 제시된다. 텔레비전과 같은 매체언어에 대한 대안으로서 독서의 특성과 장점은?

한 국 외 대	**2016**	월터 미뇰로 교수는 발견과 발명은 동일한 사건에 대한 다른 해석에 그치는 것이 아니라 두 개의 다른 패러다임이라고 말한다. 두 개의 패러다임을 구분하는 경계는 '지식의 지정학'을 구분하는 경계. 이런 맥락에서 아메리카는 유럽의 역사관과 세계관에 따라 만들어진 근대 유럽의 발명이다. 따라서 아메리카의 발명 뒤에는 유럽중심주의가 자리하고 있다. 유럽중심주의가 구체화되는 담론들을 열거하고 그 비판적 대안을 제시하시오.

		암모니아(NH3)는 질소(N2)와 수소(H2)의 공유결합물질이며,
		자극성 냄새가 나는 무색의 기체이다. 수용액인 암모니아수에는
		수산화이온(OH−)이 존재해 붉은색 리트머스 종이를
		푸른색으로 변화시킨다.
		
		(1) NH3의 분자모형을 만들고 싶다.
		  어떤 구조로 만들면 좋을지 설명하시오.
		
		(2) 암모니아수가 산성인지 염기성인지 판단하고,
		  그 이유를 설명하시오.

한 동 대	**2015**	출산율 저하가 심각한 문제다. 출산율 저하가 야기할 수 있는 문제점을 두 가지 이상 제시하시오. 다음 정책들이 출산율에 미칠 영 향을 논하고, 출산율 상승효과가 가장 크다고 생각하는 정책을 선택하시오. A) 출산장려금 지급 B) 영유아 보육비 지원확대와 보육시설확충 C) 청년 고용증대를 위한 여러정책
한 양 대	**2016**	자신을 설명할 수 있는 세가지 단어는?
		인상 깊게 읽은 책은?
		한양대 지원동기와 장래희망은?
		롤모델은 누구인가?
		최근 관심 있는 이슈는?
		학창시절 이룬 업적은?
		세계화에 대한 정의와 본인 생각은?

한양대	2016	즐거웠던 추억은?
		약점은 무엇이고 어떻게 극복할 것인가?
		국제화는 무엇인가?
		전공과 꿈에 대해 말하시오.
		어린아이들 훈육에 대한 생각은?
		국제학부에 대해 얼마나 알고 있는가?
		학교생활중공헌한점이있다면?
		다문화 사회에 대한 생각은?
		미래 한국에서 이슈가 될 만한 문제는?
		좋아하는 작가와 좋아하는 시는?
		성공에 대한 정의는?
		취미는 무엇인가?
		모든 사람은 대학에 가야하는가?
		왜 대학에서의 공부가 필요한가?
		어떤 사회가 바람직한 사회인가?
		중국에서 거주한 기간은 얼마나 되는가?
		아버지와 사이는 어떠한가? 아버지에게 서운했던 적은?
		가족 환경, 분위기를 위해 노력한 것은?
		봉사활동 중 보람을 느낀 때는?
		자신이 가진 자질은?
		외국어를 배울 때 자신이 가진 장점과 단점은?
		친구에 대한 정의와 친한 친구에 대해 말하시오.
		어떤 직업을 가지고 싶은가?
		꿈이 바뀐 이유는?
		독일어가 관심있는 이유는?

경인교대	**2016**	경쟁과 협력의 장단점을 고려해 경쟁이나 협력이 상호 보완적으로 이루어지기 위한 방안 세 가지를 구체적인 사례를 들어 설명하시오.
		스펙 쌓기의 장단점을 고려해 스펙에 의한 평가가 필요한 직업 영역이나 그렇지 않은 직업 영역 세 가지를 들고 이유를 설명하시오.
		(제시문을 읽고) 축제가 활성화되지 못한 원인을 2가지 이상 찾아내어 각각의 개선 방안을 제시하시오. 그리고 지역 축제 활성화를 위한 프로그램 1가지를 제안하고 그 제안 이유를 설명하시오.
		우리나라의 난민 수용 확대에 대한 찬반 양측의 논거를 각각 세 가지씩 들고, 이를 바탕으로 학생 본인의 입장에서 한국이 난민 문제 해결을 위해 취해야 할 장기적인 방안에 대해 말하시오.
		한국의 상황에서 효도법 도입에 대한 찬반 양측의 논거를 각각 세 가지씩 들고, 이를 바탕으로 학생 본인의 입장에서 우리 사회가 효의 문제에 대해 취해야 할 적절한 방안에 대해 말하시오.
	2015	(제시문을 읽고) 두 가지 상반된 주장을 정리하고 각 주장을 뒷받침할 수 있는 논거를 세 가지씩 제시하시오. 그리고 두 주장을 모두 고려하여 인턴교사제와 관련된 논란을 해소할 수 있는 방안을 세 가지 제시하시오.
		(제시문을 읽고) 두 가지 상반된 주장을 정리하고 각 주장을 뒷받침할 수 있는 논거를 세 가지씩 제시하시오. 그리고 두 주장을 모두 고려하여 독친 문제를 해결할 수 있는 방안을 세 가지 제시하시오.
		(제시문을 읽고) 두 가지 상반된 주장을 정리하고 각 주장을 뒷받침할 수 있는 논거를 세 가지씩 제시하시오. 그리고 두 주장을 모두 고려하여 시험 단계에 있는 치료제 사용의 윤리적 논란을 해소하기 위한 방안을 세 가지 제시하시오.

광주교대	**2016**	자기주도적인 학습이 더 효율적이라고 기술했다. 자신만의 독특한 공부법이나 자기주도적 학습의 요령이 있다면? 1, 2학년 때 의사, 약사를 희망했다 3학년 때 초등교사로 진로를 바꾼 이유는? 교사로서 갖추어야 할 능력? 본인의 어떠한 재능이나 장점이 교사의 역할에 적합하다고 생각하는가? OO동아리를 개설하고 회장을 맡으며 리더역할을 했다. 그때 리더로서 발휘한 인성덕목을 가지고, 활동상황을 말하시오. OO고에서 △△고로 전학한 이유는? 고교 생활 중 본인의 도전정신과 열정을 발휘해서 성취감을 느꼈던 적이 있다면? 기억에 남는 봉사활동은? 초등교육의 특성은 무엇인가? 학교폭력에 대해 많은 교육을 받았다. 학교폭력의 주요유형과 근절방안은 무엇인가? 3개년 학급임원으로 활동했다. 리더십을 발휘한 사례가 있다면? 노인문제에 관심이 많다고 했다. 노인문제에 대해 예를 드시오. 미래인재표창 인성부분 수상을 했다. 수상 이유는? 초등학생을 위한 인성교육 방법은? 또래상담 동아리활동을 통해 배우고 느낀 점은? 상담에서 가장 중요한 것은? 타 지역에서 우리학교를 다니게 되면 가족과 떨어져 지내야하고 지역적 문화(친구사귀기)나 생활이 다소 어려울 수 있는데 어떻게 극복하겠나?

부산교대	2016	청소년들이 사용하는 언어가 거칠고 저속해지는 경향이 있다. 원인과 개선 방법은?
		학교에서는 진로교육을 강화하고 있다. 초등학생에게 바람직한 진로지도 방안은 무엇인가?
		봉사활동이 개인의 성장에 어떤 도움을 주는가?
		우리나라 학교교육의 장단점은?
		자소서 2번에 OO활동, OOOO 봉사활동, OO동아리에서 초등교사 인터뷰 했던것을 언급했다. 가장 인상적인 활동을 말하고 교직수행에 어떤 도움이 되는지 말하시오.
		학생부 7번에 학급에서 단체로 진행했던 OOO 활동 이외에 교직에서 도움이 될 만한 추가 활동이나 내용이 있다면?
		추천서 1(가정 형편이 넉넉하지 않아 사교육 없이 학교 공부만으로 노력하면서도 전과목 늘 최상위권을 유지~) 지원자가 성장한 가정의 분위기는? 그 경험 삶에 미친 영향력은?
		초등교사로서 어떤 인성과 자질을 갖추고 있는가?
		학생들이 수업에 적극적으로 참여하게 할 수 있는 가장 효과적인 방법은?
진주교대	2016	학교생활기록부의 OO활동 중 OOO 활동을 통해 배운 점은?
		자기소개서 O번의 내용의 OOO교내활동을 통해 배우고 느낀점은?
		TV 오디션 프로그램에 대한 상반된 의견이 많다. 이 프로그램들이 학생들의 자기주도적 학습력 개선에 미치는 긍정적 역할과 부정적 역할과 그 이유는?
		초등학생의 자기주도적 학습력을 길러주기 위한 방안을, 가정, 학교, 사회 차원에서 각각 한 가지 이상 제시하고 구체적인 실행방안을 설명하시오.
		초등학생들의 학업 스트레스를 줄이고 학교생활 만족도를 높이기 위해 실천할 수 있는 학급경영 방법 두 가지를 제시하고 그 이유를 말해보시오.

진 주 교 대	**2015**	우리나라의 행복지수가 낮은 이유와 우리나라 교육이 추구해야 할 방향은?
		(제시문 중)어떤 교사상이 더 바람직한가? 또 어떤 교사가 될 것인가?
		지원 전공 또는 특정 분야에 몰두하여 최선을 다한 경험이 있다면?
		자신이 참여했던 클럽 활동은 무엇이며, 활동 중 기억에 남는 경험이 있다면?
		학급의 대표나 학생회 임원으로 활동한 적이 있다면 그 중 기억에 남는 경험은?
		학급 친구와 의견 대립이 생겼을 때, 해결한 경험이 있다면?
		교사가 되기로 한 것은 누가 결정했는가?
		교권 추락의 근본적 원인은? 교사가 되었을 때 이러한 교권의 추락 상황을 어떻게 대처해 나갈 것인가? 혹은 교권의 추락이라는 진 단에 동의하지 않는다면 그렇게 생각하는 근거는?
		학교 교육은 그 목적과 내용과 방법의 면에서 어떤 교육이어야 하며, 그렇게 생각한 근거는?
		'나는 공부를 왜하는가?' 하는 질문을 한번쯤 해보았을 것이고 주위로부터 '공부를 잘하면 훌륭한 사람이 된다.'는 식의 대답을 들어본 적이 있을 것이다. 이 질문과 대답에 대한 여러분의 견해와 근거는?
		최근 학교 내에서 학생과 학생 사이 또는 학생과 교사 사이에서 발생하는 언어폭력 및 차별 언어로 인한 피해 사례가 증가하고 있는데, 이러한 일들로 인해 야기되는 문제점과 교사의 역할은?
		수업시간에 학생들과 제대로 소통하기 위해서 교사는 어떻게 수업을 진행해야 하는가?
		교사도 성장하고 수업에도 변화가 생기기 위해서 평소 교사가 갖추어 야 될 모습은 어떤 것들이 있는가?

한국교원대	2016	학교폭력의 원인과 해결책을 교육적 관점에서 제시하시오. 학교폭력과 관련된 자신의 경험을 가해자 또는 피해자 입장에서 진술하여 갈등을 어떻게 해결하였는지 3분 이내로 발표하시오.
		지원 전공 또는 특정 분야에 몰두하여 최선을 다한 경험이 있다면?
		서머힐이 가진 가장 중요한 교육적 특징에 대해서 우리의 학교 교육 현실과 비교한다면? 서머힐의 교육적 특징을 우리 교육에 도입한다면 교육에는 어떠한 변화가 생기며, 교사의 역할은 어떻게 변화하는가?
		학생들이 실제로 학급운영과 관련한 규칙을 스스로 정할 경우 문제가 발생할 소지가 있다. 담임 교사라면 어떠한 결정을 할 것인가? 본인의 결정에 따라 발생할 수 있는 문제점은 무엇이고 그 해결 방안은 무엇인가?
		(제시문을 읽고)사회의 구조적 문제점이나 개인차원의 문제점에서 찾는 경우가 있다. 이 둘 중에서 어느 것이 더 중요한 원인인가? 앞에서 지적한 문제점을 최소화하기 위해 학교 교육에서 지원자가 교사로서 할 수 있는 방안은?
		(제시문을 읽고) 훌륭한 스승들이 보여 준 교육자로서의 모습을 고려하여 전통적인 스승의 특징에 대해서 설명하시오. 전통적인 스승의 특징이 오늘날 학교 교육에서 어떤 의미가 있는지 밝히고, 그 특징 중 수정되거나 추가되어야 할 것들은 무엇인가?

2016

제시문
1 다국적기업의 문제점 설명
2 지역사회의 개발과 부작용

문제
1. [제시문1]과 [2]에서 발견할 수 있는 특징을 제시하시오.
2. 이런 특징을 가지는 실제 사례를 제시하고, 간략하게 설명하시오.
3. [제시문2]에서 제시된 문제를 해결하기 위해, 정부, 기업, 시민단체, 개인은 각각 어떤 역할을 할 수 있는지 설명하시오.

제시문
[영문]
Globalization and its connections to economicine quality

1. inequality에 대해 개략적으로 설명하시오.
2. 다른 나라도 한국과 비슷한 경제적 환경을 갖고 있다면, 경제적불평등이 줄어들까? 늘어날까?
3. 아프리카 경제가 발전될 수 있다고 생각하는가?

제시문
1 문화접변의 형태
2 외국인노동자A씨와 한국인 직장상사 B씨의 일화

문제
1. [제시문1]에 나온 문화접변의 개념 4개를 간단히 설명하고, 이를 2개의 기준으로 분류하시오.
2. 각 개념이 어느 조건에서 발생될 수 있는지 예시를 들어 설명하시오.
3. [제시문2]에 나타난 2가지 문화수용태도를 [1]의 관점에서 명하시오.

제시문
1 대조되는 단어를 통한 의미 설명
2 《돈키호테》 일부 발췌
3 《진리에 다가가기 위한 합리적 의심》(데카르트) 일부 발췌
4 지식인과 연구자의 차이점 설명

문제
1 의심을 바탕으로 실천하는 행위(의지)에 대해 자유롭게 논하시오.
2 [제시문1]의 요지를 설명하고, 유추를 통해 [4]의 연구자와 지식인을
  비교하시오.
3 돈키호테와 지식인의 공통점과 차이점을 비교하시오.
4 이론과 실천의 관계를 자유롭게 논하시오.

제시문
1 시 〈밥이 쓰다〉
2 언어의 사회성과 자의성 설명
3 《베니스의 상인》 일부 발췌
4 여러 동물들의 특징

문제
1 [제시문2]를 통해 [1]의 '쓰다'의 활용을 설명하고,
  [3]의 재판관을 비판하시오.
2 [제시문2]를 바탕으로 [4]를 설명하시오.
3 [제시문3]의 판결이 유효한지 2번 문제의 답을 바탕으로 설명하시오.
4 절박한 상황에서 어떠한 약속이라도 할 수 있는가에 대해
  자유롭게 논하시오.

고려대 2015

제시문
1 시 〈밥이 쓰다〉
2 언어의 사회성과 자의성 설명
3 《베니스의 상인》 일부 발췌
4 여러 동물들의 특징

문제
1 [제시문2]를 통해 [1]의 '쓰다'의 활용을 설명하고,
  [3]의 재판관을 비판하시오.
2 [제시문2]를 바탕으로 [4]를 설명하시오.
3 [제시문3]의 판결이 유효한지 2번 문제의 답을 바탕으로
  설명하시오.
4 절박한 상황에서 어떠한 약속이라도 할 수 있는가에 대해
자유롭게 논하시오.

서울대

2016

제시문
《맹자》 중 〈왕혜왕 上〉 일부 발췌

문제
1 "그런 마음이면 족히 왕다운 왕이 될 수 있습니다."라고 현자가 말한 이유에 대해 설명하시오.
2 왕의 마지막 말 뒤에 이어질만한 현자의 말을 유추하시오.

제시문
《오뒷세이아》(호메로스) 일부 발췌

문제
1 오뒷세우스와 아킬레우스가 죽음을 대하는 태도를 비교하고, 그 차이가 어디서 오는지 설명하시오.
2 제시문을 근거로, 아킬레우스가 이승으로 돌아간다면 어떤 삶을 살지 유추하시오.

제시문
《자유로서의 발전》(아마티아 센) 일부 발췌

문제
1 자신이 안나푸르나라면 셋 중 누구를 어떤 이유로 선택할지 설명하시오.
2 안나푸르나의 선택을 국가차원에서 해야 할 때 생길 수 있는 문제점을 찾아보시오.
3 상황이 바뀌어 안나푸르나가 열흘 동안 매일 한 사람을 고용하게 됐다. 매일 사람을 바꾸어 고용할 수도 있다고 할 때, 디누의 소득, 비샨노의 행복감, 로기니의 삶의 질, 이 세 가지의 총합을 극대화하는 열흘간의 고용방안을 제시하시오.

서울대

2016

제시문
1 연령의 사회적 구성과 그에 따른 다양한 차원의 불평
2 한국의 다양한 연령구분 법규

문제
1 [제시문1]과 [2]를 바탕으로 아래표에서 연령과 다른 변수가
  어떻게 연결될 수 있는지 설명하시오.(표 제시)
2 '저출산·고령화'라는 현재의 추세가 지속된다면,
  [제시문1]과 [2]에 나타난 사회구조가 어떻게 바뀔지 설명하시오.
3 [제시문1]과 [2]를 바탕으로 아래 표에서 연령과 다른 변수가
  어떻게 연결될 수 있는지 설명하시오.(표 제시)
4 위의 표에 제시된 연령변화와 평균 월급사이의 관계를 노동의
  수요와 공급 그리고 그 결정요인들을 이용해 설명하시오.
  또 위의 표의 상황에서 15세미만인자의 고용을 제한하는 법률이
  시행됐다면, 어떤 변화가 일어났을지 말해보시오.

2015

제시문
빈말에 관한 글

문제
1 제시문을 토대로 빈밀과 거짓말의 본질적인 차이점을 설명하고,
  거짓말도 빈말도 아니면서 듣는 이를 오도(誤導)하는 말의
  사례를 제시하시오.
2 사람들은 거짓말보다 빈말을 더 빈번하게 한다.
  이런 현상의 원인은 무엇인가?

제시문
긍정적 사고와 부정적 사고 비교

문제
1 본인이 읽은 책에서 적절한 인물하나를 예로 들어서, 위 제시문에서
  규정하는 '긍정적 사고'를 하는 사람과 '부정적 사고'를 하는 사람이
  각각 그 인물의 삶을 어떻게 평가할지 설명하시오.
2 위 제시문은 '긍정적 사고'의 문제점과 '부정적 사고'의 이점을
  부각시킨다. '부정적 사고'에는 어떤 문제점이 있을 수 있는지
  설명하시오.

제시문
1 유엔헌장 제2조
2 반기문 유엔사무총장 연설 일부 발췌

문제
1 [제시문1]과 [2]의 내용을 비교하시오.
2 어떤 나라에서 집단학살이 발생하고 해당 정부가 이런 사태를
  수습 할 수없거나 혹은 학살의 주체일 경우 국제기구 혹은
  다른 나라는 인도주의적인 이유로 해당국에 무력적 사용을
  포함해 개입할 수 있는가?

제시문
우울증을 앓던 회사원의 자살 뉴스

문제
김씨는 왜 이런 극단적인 결정을 내렸을까? 김씨의 자살을 막을 수는
없었을까? 만약 미리 예방할 수 있었다면 어떤 개입이 효과적이었을
까?

제시문
중국관련 뉴스와 고사

문제
1 제시문이 공통으로 다루고 있는 문제는?
2 역사적 맥락 속에서 '중국식'이라는 이유로 옹호했거나 반대했던
  입장의 차이를 설명하시오.

제시문
지속가능한 발전에 대한 설명과 한반도 위성사진

문제
한반도의 야경을 보여주는 위성사진을 보면 서울 등 도시지역이 다른
지역보다 밝다. 이런 밝기의 크기는 도시의 에너지 사용과 관련이 있
다. 도시 내 각종 생산 및 소비활동을 통해 밝은 빛을 내는 에너지를
사용하는데, 지속가능한 발전이라는 개념에 비춰 이를 평가하시오.

제시문
디지털 신호 설명

문제
1 송신신호가 0인지 1인지 모르는 상황에서,
  수신신호가 1이 될 확률은?
2 수신신호로 1을 받았을 때, 송신신호로 1을 보냈을 확률은?
3 수신신호로 1을 받았을 때, 송신신호로 0을 보냈을 확률은?
4 통신엔지니어가 송신신호와 수신신호가 동일하면 송수신신호에
  문제가 없다고 판단한다. 이러한 통신엔지니어의 판정에
  오류(error)가 있을 확률은?

제시문
환경과 효율을 생각하는 기술개발에 대한 설명

문제
1 기존의 화석연료를 사용하는 내연기관과 전기 배터리/전동기를
  함께 사용하는 하이브리드 자동차의 운전 시 시동부터 정속운전,
  가속/감속운전, 정지까지의 일반적인 동작 원리에 대해 설명하시오.
2 미래형 수송수단을 본인이 설계한다고 할 때, 현재의 수송수단
  (자동차)의 한계와 본인이 생각하는 대안은 무엇인지 제시하시오.

제시문
공원의 의미

문제
오늘날 공원이 지닌 가치와 역할을 정의하고, 미래의 도시에서는 공원
이 오늘날과 다른 어떤 새로운 가치와 역할을 가져야 할지 창의적으로
논하시오. 사회문화와 환경생태의 두 가지 관점에서 근거를 들어 말하
시오.

제시문 : 서울시 청년수당 정책설명

문제
서울시가 계획 중인 청년수당 정책에 대한 찬반입장을 밝히고,
자신의 의견을 설명하시오.

제시문
《등석자》 일부 발췌 《순자》 일부 발췌

문제
1 각각의 글에서 말하고자 하는 내용을 요약하시오.
2 두 글의 공통점과 차이점을 분석하시오.
3 자신의 문제의식과 견해를 설명하시오.

서
울
시
립
대

2016

2016

제시문
유엔기후변화협약관련 신문기사

문제
위 기사는 기후변화문제를 해결하기 위한 국가간의 국제협약인 유엔
기후변화협약에 대한 내용을 다루고 있다. 국가들이 국제협약을 맺어
기후변화를 해결하기 위해 국제적인 다자간 공조와 협력을 하고 있다
면, 도시차원에서도 기후변화문제에 대한 대응을 할 수 있다. 이러한
이해를 바탕으로 기후변화, 도시, 국제협약(유엔기후변화협약)간의 상
관관계를 논하시오.

제시문
1 빛의 스펙트럼, 지구자기장 원인, 에너지 발전 방법
2 우주 망원경, 발광다이오드, 입자가속기, 태양전지

문제
[제시문1과] [2]의 항목들 중, 각각 한 가지씩 키워드를 골라, 각각의
개념과 물리적 원리, 응용 사례 등을 기술하시오.

제시문
도심의 간판 사진과 간판으로 인한 피해 설명

문제
도심지에 설치되는 간판은 태풍이나 지진으로부터 안전하도록 설계되
어야 한다. 이를 위한 과학적인 접근방식과 공학적인 해결방안은?

서울여대 | 2016

제시문
공유경제의 의미와 특성

문제
1 공유경제의 한 가지 사례를 선택한 후 소비자가 느끼는 장점과
문제점에 대해 말하시오.
2 제시문에 없는 다른 공유경제 서비스에 대해 말하시오.

제시문
문자등장 전후의 변화 설명

문제
1 문자를 사용하지 않던 시절 인류의 특징은?
2 문자사용으로 인류는 어떤 점을 얻고 어떤 점을 잃었는가?
3 하루 동안 문자를 전혀 사용할 수 없게 된다면 어떤 상황이
벌어질지 말하시오

제시문
1 주변환경과 생물형태의 연관관계
2 생물A의 변화과정

문제
[제시문1]에 제시된 생물의 형태변화에 영향을 미치는 요인을 설명하
고, 제시된 요인들을 근거로 생물 A의 변화와 관련 있는 원인을 유추
하시오.

제시문
1 우리나라에서 기후변화로 나타나는 현상
2 농작물 재배지역 및 재배면적의 변화

문제
1 [제시문1]을 읽고 우리나라에서 기후변화로 인해 나타나는
현상을 구체적으로 설명하시오.
2 [제시문2]에 근거해 다른 두 가지 관점에서 기후변화의 영향을 가장
많이 받은 농작물을 선정하고 이유를 말하시오.

2015

제시문
일기쓰기에 세대차이를 느끼는 모녀의 일화

문제
1 A와 어머니의 일기쓰기에서 보이는 공통점과 차이점은?
2 A와 어머니의 인식이 어떻게 다른지 설명하시오.
3 당신이 A라면 어머니께 어떻게 답할 것인가?

제시문
매체유형의 예

문제
1 위의 예 중 정보탐색 수단으로 가장 적합하다고 생각하는 두 가지와
 장단점을 말하시오.
2 다음과 같은 사람들이 정보탐색을 하고자 한다면 어떤 매체가
 효과적일까?

①여행을 좋아하는 대학생 ②연예인에 대해 많이 알고 싶어 하는 삼십
대 직장인 ③시사문제에 관심이 많은 오십대 주부

제시문
에너지절약형 주택의 특징과 도입기술

문제
1 제시된 자료를 토대로 일반주택과 에너지절약주택의 차이점을
 설명하시오.
2 자신의 집을 에너지절약주택으로 꾸민다면 제시문의 도입기술 중
 우선적으로 도입하고 싶은 기술 두 가지와 그 이유는?

제시문
다양한 센서 유형과 활용 예

문제
1 센서는 인간의 감각기능을 대신해 신호를 감지한다. 제시된 센서
 유형에 대해 인간의 어떤 감각기능과 관계가 깊은지 설명하시오.
2 두 가지 이상의 센서를 조합해 활용할 수 있는 예를 말하시오.

성 신 여 대	**2016**	제시동영상 드라마 〈학교 2015〉 문제 1 본인이 교사라면 학생의 상황을 제대로 파악하기 위해 어떤 노력을 할 것인가? 2 본인이 피해자라면 선생님에게 듣고 싶은 말을 선생의 입장에서 말하시오.
		제시동영상 드라마 〈취재파일 – '중2병' 앓는 교실 멍드는 교사들〉 문제 1 수업을 할 수 없을 정도로 학생이 수업분위기를 해친다면 교사로서 어떤 조치를 취하겠는가? 2 동영상 속 교사와 학부모의 갈등에서 본인이 교사라면 어떻게 대처하겠는가? .
연 세 대	**2016**	제시문 문제를 위한 규칙제시 문제 1 3x3모양의 박스에 1부터 9까지의 숫자를 채우려고 할 때, 숫자 5가 들어갈 수 있는 칸을 모두 찾으시오. 2 9×9모양의 박스에 1부터 81까지의 숫자를 채우려고 한다. 7행 6열의 칸에 들어갈 수 있는 숫자의 최솟값과 최댓값을 구하시오. 3 자연수 n에 대해 $(2n+1)×(2n+1)$모양의 박스에 숫자를 1부터 $(2n+1)^2$까지 채우려고 한다. 이때 숫자 $2n_2+2n+1$이 들어갈 수 있는 칸의 개수를 세는 방법을 설명하시오.
		제시문 문제를 위한 규칙제시 문제 1 K=40일 때, 선물상자가 50번 팀에 있을 확률은 얼마인가? 2 K=40 인 실험을 수백 번 반복해 선물상자를 가지고 있는 팀 번호를 매번 기록하였을 때, 그 값들의 기댓값은 얼마인가? 3 1번 팀과 100번 팀의 연결이 단절된다고 가정할 때 상기 문제의 해석을 바탕으로 자연현상, 과학현상, 사회현상을 설명할 수 있는 예는?

		제시문 2015 연령별 인구와 청년실업률 추이 문제 1 제시문을 참고해 정년연장에 대한 의견을 말하시오. 2 제시문에 언급된 현상으로 생길 수 있는 사회문제와 해결책은?
연 세 대	2016	제시문 로봇이 인력을 대체한 사례 문제 자신의 과학기술로 사회부작용이 야기될 시 본인의 입장은?
		제시문 문제를 위한 명제 제시 문제 0.9 무한소수가 1과 같음을 증명하라.
		제시문 과학자의 연구조작 사례 문제 과학자의 윤리부정문제가 발생하는 개인적, 사회적 원인을 설명하고 방안을 제시하라.
이 화 여 대	2016	제시문 1 디지털 나르시즘에 대한 설명 2 SNS의 긍정적 부분 문제 1 [제시문1]에서 제시된 디지털 나르시즘에 대해 설명하시오. 2 [제시문1]과 [2]의 차이점을 설명하시오. 3 [제시문2]에 해당하는 사례를 말하시오.
		제시문 네 가지 물질 설명 문제 위의 물질 중 암치료제에 쓰일 수 있는 것은?

이화여대 / 2016

제시문
1 불균형적인 투자배분 정책 비판
2 《정의론》(존 롤스) 일부 발췌

문제
1 [제시문2]의 관점에서 [1]의 문제를 설명하시오.
2 [제시문2]의 관점에서 [1]에 나타난 문제점의 해결방안을 말하시오.

제시문
1 한국의 여백의 미 설명
2 죄형법정주의에 대한 설명

문제
1 [제시문1]의 논지전개방식과 [2]에서 허용하지 않는 해석의
  공통점은?
2 다른 공통점을 예로 든다면? .

제시문
완두콩의 유전실험

문제
1 만일 단일인자유전을 따른다면 위 실험에서 어떤 결과가
  예상되는가?
2 만약 다인자유전을 따른다면 위 실험에서 어떤 결과가 예상되는가?
3 다인자유전일 경우 관여하는 유전자의 개수를 근사적으로
  추정하려고 한다. 이것이 어떻게 가능한가?

제시문
극성분자와 무극성분자의 실험 차이

문제
1 위 실험에서 사용된 두 가지 용매의 대전체에 대한 서로 다른
  끌림은 분자의 기하학적 구조의 차이에 기인한다.
  이러한 구조의 차이가 유발되는 이유는?
2 고체염화나트륨($NaCl$)을 물과 사염화탄소에 넣었을때,
  염화나트륨의 용해정도를 비교하고 그 이유를 설명하시오.
3 플루오린화수소(HF)가 물에 잘 용해되는 이유를 설명하시오.

제시문
사형문제에 대한 견해 네 가지.

문제
1 사형문제에 대한 견해는 찬반입장과 접근관점에 따라
  아래 표와 같이 나뉠 수 있다. (표 제시) 제시문의 각각 입장이
  아래 표에 어디에 해당되는가?
2 [견해1]의 관점에서 [견해3]을 비판하시오.
3 [견해2]의 관점에서 [견해3]을 비판하는 글을 쓰기 위해
  어떤 자료를 찾아볼지 자료를 제시하고 설명하시오.

제시문
선별적복지와 보편적복지 설명

문제
1 제시문에서 밑줄 친 문장의 의미를 설명하시오.
2 현재 서울시에서 시행하고 있는 초등학교 무상급식은
  어느 모델에 해당하는가. 지원자는 찬성하는가, 반대하는가?

제시문
정년연장법에 대한 설명

문제
1 정년연장법이 다음의 각 이해당사자에게 미칠 영향에 대해
  말하시오. ①정부의 재정 ②기업의노동 ③노년층의 삶
2 정년연장법이 청년고용에 미치는 긍정적영향과 부정적영향에 대해
  설명하시오.

제시문
독일 뉘른베르크법에 대한 설명

문제
1 제시문의 밑줄 친 부분을 참고해 형식적 법치주의의 문제점을
  제시하시오.
2 뉘른베르크법을 통과시켰던 독일의회의 결정에 대해
  견해를 밝히시오.

한동대 | **2015**

제시문
우리나라의 정보격차에 관한 조사 및 분석

문제
1 정보격차현황에 대해 요약해 설명하시오.
2 '인터넷을 매개로 한 사회자본축적이라 할 수 있는
  시민적, 정치적 연계활동'의 예는?
3 높은 연령층의 인터넷 활용도를 높이려면 어떤 정책이 필요한가?

대학명	2017
가천대	가천의예(15명) 1단계(4배수):서류100 2단계:1단계50+면접50 국/수(가)/영/과(2과목평균) 중 3개 등급합 30이내
가톨릭관동대	학생부교과(13명) 학생부100 국/수(가)/영/과(2과목평균) 중 3개 등급합 40이내 ※강원인재(7명)
가톨릭대	논술우수자(15명) 학생부40+논술60 국/수(가)/영/과(2과목평균) 중 3개 등급합 3
건양대	일반학생(15명) 1단계(3배수):학생부교과100 2단계:1단계80+면접20 수(가)/영/과(2과목평균) 중 2개 등급합 3 [수(가) 필수] ※지역인재(16명)
경북대	논술AAT(15명) 학생부20+논술(AAT)80 국/수(가)/영/과(2과목 응시 1과목 반영) 4개 등급합 50이내 및 한국사 3등급 이내 ※지역인재(학생부교과)(7명) ※지역인재(학생부종합)(17명)
경상대	교과성적우수자(6명) 학생부100 국/수(가)/영/과 중 수(가)포함 3개 등급합 40이내 ※지역인재(11명)

대학명	2017
경희대	논술우수자(29명) 학생부30+논술70 국/수(가)/영/과(1과목) 중 3개 등급합 4이내, 한국사 5등급 이내
계명대	교과전형(20명) 1단계(7배수):학생부100 2단계:1단계70+면접30 국/수(가)/영/과 중 3개 등급합 3이내 ※지역인재(20명)
고려대	일반전형(30명) 논술60+학생부교과30+학생부비교과10 국/수(가)/영/과 중 3개 등급합 4이내, 한국사 4등급 이내
고신대	교과중심−일반고(30명) z1단계(7배수):학생부100 2단계:1단계90+면접10 [사탐선택] 국/영/수(나) 합산 3등급 ** 사회탐구가 빠진 것 같아요 확인 필요 [과탐선택] 국/영/수(가)/과 중 3개 합산 5등급 (영/수(가) 필수, 과탐 2과목평균) ※지역인재(10명)
대구	일반전형(5명)
가톨릭대	학생부100 국/수(가)/영/과(2과목평균) 등급합 6이내, 한국사 5등급 이내 (한국사 외 전 영역 2등급 이내) ※지역인재(10명)

대학명	2017
동아대	교과성적우수자 폐지 지역균형인재(14명) 1단계(4배수):학생부100 2단계:1단계80+질문면접(인성)20 국/수(가)/영/과(2과목평균) 중 3개 등급합 4이내
부산대	논술전형(28명) 학생부30+논술70 국/수(가)/영/과를 응시하고, 수(가) 포함 3개 등급합 4이내, 한국사 필수 응시 ※지역인재(40명)
서남대	일반전형(16명) 1단계(4배수):학생부100 2단계:1단계90+면접10 국/수(가)/영 각 3등급 이내면서 합산등급 6이내고, 과탐 2과목 각 3등급 이내면서 합산등급 5이내며, 한국사 3등급 이내 ※지역인재(15명)
서울대	일반전형(45명) 1단계(2배수):서류100 2단계:1단계50+면접및구슬고사50
성균관대	논술우수자(5명) 학생부40+논술60 국/수(가)/영/과(2과목평균) 중 3개 1등급, 한국사 4등급 이내
순천향대	일반학생(교과)(20명) 학생부100 국/수/영/사(또는)과(2과목평균) 4개 등급합 6이내 (수(가), 과탐 응시하지 않은 경우 각 0.5등급 하향조정 반영, 한국사 필수 응시) ※지역인재(교과)(20명) ※지역인재(종합)(5명)

대학명	2017
아주대	일반전형1(논술)(16명) ▶신설 학생부40+논술60 국/수(가)/영/과(2과목평균) 중 3과목 1등급
연세대	일반전형(15명) 논술70+학생부교과20+학생부비교과10 국/수(가)/영/과 중 3개 이상 1등급, 한국사 4등급 이내 (과탐은 물/화/생/지 중 서로 다른 2과목 평균등급)
연세대 (원주)	일반논술(28명) 논술70+학생부교과20+학생부출석봉사10 국/수(가)/영/과 중 3개 이상 1등급, 한국사 필수 응시 (과탐은 물/화/생/지 중 서로 다른 2과목의 평균등급) ※강원인재일반(14명)
영남대	일반학생(교과)(10명) 학생부100 국/수(가)/영/과(1과목)의 등급합 5이내 및 한국사 3등급 이내 ※지역인재(20명)
울산대	논술전형(20명) 학생부40+논술60 국/수(가)/영/과(2과목)중 3개 1등급 ※지역인재(4명)
원광대	일반전형(10명) 학생부100 국/수(가)/영 등급합 5이내 ※지역인재(29명)
을지대	교과성적우수자(10명) 학생부100 국/수(가)/영/과(1과목) 등급합 5이내 ※지역인재(8명)

대학명	2017
이화여대	논술전형(10명) 학생부교과30+논술70 국/수(가)/영/과(2과목평균) 중 3개 등급합 30이내, 한국사 필수 응시
인제대	인문계고교출신자(35명) 1단계(5배수):학생부70+서류30 2단계:1단계80+면접20 ※지역인재(28명)
인하대	논술우수자(15명) 학생부교과30+논술70 국/수(가)/영/과(2과목평균) 중 3개 등급합 30이내, 한국사 필수 응시
전남대	일반전형(28명) 1단계(5배수):학생부100 2단계:1단계80+면접20 국/수(가)/영/탐(1과목) 중 4개 등급합 50이내, 한국사 필수 응시 ※지역인재(21명) 신설
전북대	일반학생(10명) 학생부100 국/수(가)/영/과(2과목평균) 중 수학 포함 3개 등급합 50이내, 한국사 필수 응시 ※지역인재(39명)
제주대 (학/석사)	지역인재육성(6명) 1단계(5배수):학생부100 2단계:1단계70+면접30 국어 및 영어 중 우수 1개영역과 수(가)/과(2과목평균)의 등급합 60이내

대학명	2017
조선대	일반전형–학생부교과(26명) 학생부100 국/수(가)/영/과(1과목) 등급합 6이내 ※지역인재(26명)
중앙대	논술전형(50명) 논술60+학생부교과20+학생부비교과20 국/수(가)/영/과(2과목평균) 중3개 1등급 및 한국사 4등급 이내
충남대	일반전형(24명) 학생부100 국/영/과(2과목평균) 중 상위2과목과 수(가) 합산 4등급 이내, 한국사 필수 응시
충북대	일반전형(10명) 1단계(4배수):학생부100 2단계:1단계80+면접20 국/수(가)/영/과(2과목평균) 중 2개 등급합 3이내,한국사 필수 응시 ※지역인재(17명)
한림대	학교생활우수자(10명) 1단계(6배수):서류100 2단계:1단계70+면접30 국/수(가)/영/과(2과목평균) 중 3개 등급합 4이내 및 한국사 3등급 이내 ※지역인재(12명)
한양대	학생부종합(38명) 학생부종합평가100

합격의 문을 두드리는
자기소개서 작성법

모든 학생부종합전형에서는 자기소개서를 요구한다. 자기소개서는 단순히 형식적인 차원이 아니다. 합격을 결정하는 중요한 요소로, 그 구체적인 내용은 심사의 대상이 된다. 또한 면접에서 심사관은 자기소개서를 바탕으로 질문을 한다. 평소 글쓰기가 익숙하지 않은 학생들에게는 큰 부담이 아닐 수 없다. 그러나 자신에 대해 자신만큼 잘 아는 사람은 없다. 결국 자기소개서 작성의 어려움을 해결할 열쇠는 학생 자신이 쥐고 있는 셈이다.

서류평가 영역에서 자기소개서 반영비율을 제시한 학교는 사실상 없지만 서류평가의 중심이자 성적을 포함한 다른 서류를 포괄하는 위치에 있다. 자기소개서는 대학에 따라 3~4개의 질문에 답하는 형식이다. 이 질문은 조금씩 다르지만 묻고 있는 내용은 비슷하다. 먼저 가장 가고 싶은 대학의 자기소개서를 정성스럽게 작성한 뒤 나머지 대학의 요구에 맞게 조금씩 변형시키면 된다. 합격의 문을 여는 자기소개서 작성을 위해 꼭 알아야 할 내용을 숙지하자.

1. 자기소개서란 무엇?

01 자기소개서의 개념

자기소개서란 말 그대로 자기를 소개하는 글이다. 하지만 무작정 자신을 알리기 위해 소개하는 글이 아니라, 대학에서 자신이 원하는 학문을 할 수 있도록 자신을 선택해 달라는, 뚜렷한 목적을 가진 글이다.

자기소개서는 '자신'에 관한 글이라 자신의 정체성(identity), 자신의 특성이 잘 나타나야 한다. 남과 다른 자기만의 능력이나 긍정적이고 독특한 품성뿐만 아니라 자신이 원하는 분야의 학문을 하기에 어떤 점에서 잘 맞는지 등을 골고루 드러내야 한다. 소개한다는 것은 알린다는 의미 이상이다. 목적의식을 지닌 글이기 때문에 강한 호소력을 필요로 한다.

뷔퐁은 "글은 사람이다"라고 했다. 이 말은 한 편의 글이 그 사람의 인격을 대변한다고 보았던 것. 자기소개서에서 제일 중요한 요소는 나의 살아온 이력에 대해 공감할 수 있는 진솔한 내용과 상대방의 마음을 움직이게 할 수 있는 논리적 설득력이다.

02 자기소개서 작성 전 준비사항

좋은 자기소개서는 무얼 말할까? 화려한 표현일 리는 없다. 담백하게 자신이 전공하고자 하는 학과의 특성과 자신의 적성 및 특기와의 관련성이 잘 드러난 글이다. 일류 대학에 가기 위한 목적을 중심으로 진로를 선택하거나 성적에 맞춰서 적당히 타협해서 정한 것이 아니라 뚜렷한 자기 확신과 오래 전부터 지녀온 자신의 꿈과 미래에 대한 비전에서 나온 선택임을 드러내야 한다.

자기소개서를 작성하기 위해서는 다음과 같은 몇 가지 요인들에 대한 정보를 상세하게 파악하고 있어야 한다.

① 지원하는 학과에 대한 정보가 정확해야 한다.
- 지망학과의 학문적 특성에 관한 정보 : 그 학과의 교육 목적이 무엇이고, 어떤 적성과 소질이 필요한가에 대해서 알아야 한다.
- 교과과정에 관한 정보 : 그 학과에서 배우는 교과목은 어떤 것이고 어떤 내용으로 구성되어 있는지 알아야 한다.
- 장래전망에 관한 정보 : 그 학과와 관련된 직업 분야는 어떤 것이 있는지, 또 그 직업분야의 발전 가능성은 어떠한지를 알아야 한다. 이는 자신의 직업 선택과 밀접히 관련되어 있기 때문에 중요하게 고려되어야 할 사항이다.
- 인접학문에 관한 정보 : 자신이 전공하고자 하는 학과와 관련이 있는 교과에는 어떤 학과들이 있는지를 알아야 한다.

② 자신의 삶에 영향을 미친 책, 인물 등을 중심으로 자신의 장점과 특기사항, 가치관과 인성 그리고 자신의 희망과 지원 동기가 구체적으로 드러날 수 있는 일화가 있었는지 생각해 본다. 자신이 선택한 전공과 관련이 있는 내용을 중심으로 이 일화들을 간추려야 한다.

<u>03</u> 좋은 자기소개서를 위한 필요조건

자기소개서는 한 마디로 자신이 지망하는 대학과 학과에서 공부할 충분한 자격을 갖추고 있다는 사실을 설득하는 글이다. 태어나서 현재까지 성장해오면서 나의 어떤 점이, 나의 어떤 성장과정이, 나의 어떤 사고가, 나의 어떤 특징이 그와 잘 부합하는지 보여주어야 한다는 말이다. 또한 내가 지망하는 대학, 학과의 공부를 얼마나 내가 절실하고 진지하게 원하는지 설득하는 한편, 이를 위해 그동안 어떤 준비를 실질적으로 해왔는지 심사관에게 보여주어야 한다.
좋은 자기소개서가 되기 위해서는 다음과 같은 필요조건들을 갖추어야 한다.

① **자기가 잘 나타나야 한다**
무엇보다 자신을 잘 드러내는 글이어야 한다. 하지만 이때 자신을 잘 드러낸다는 것이 어떤 의미인지 숙고해야 한다. 자신의 장점과 단점을 솔직하게 보여주면서도 글을 읽는 심사관으로부터 호감을 얻어야 한다. 보통 자기소개서를 쓰다 보면 감정적으로 자신을 과장할 위험이 있다. 이런 감정을 잘 절제하고 자신의 내면을 글에 녹여내도록 노력해야 한다.

② 객관적이어야 한다

자기소개서는 자기를 소개하는 글이지만 주관적 성격의 글은 아니다. 자기를 드러내는 데 있어 자기 주관에 휩싸여 서술하는 것은 설득력을 갖기 어렵다. 비록 자기 이야기라도 솔직하고 객관적인 시각에서 서술해야 한다. 객관적으로 자기 자신을 제시할 수 있을 때 공감은 물론 신뢰감을 줄 수 있다.

③ 논리적 설득력이 있어야 한다

자기소개서에서 제일 중요한 점은 논리적 설득력을 갖추는 것이다. 자기소개서를 읽는 교수는 자기 이론 연구에 평생을 바쳐온 사람이다. 이들이 가장 많이 쓴 글은 논문이며, 논문은 객관적 합리성을 바탕으로 쓰는 글이다. 따라서 심사관인 교수들에게 공감을 얻으려면 감정적인 글이 아닌, 탄탄한 논리적 구성이 중요하다.

④ 표현이 명료해야 한다

우선 문장은 문법에 맞아야 한다. 아름다운 문체일 필요는 없다. 되도록 긴 문장, 군더더기가 많은 표현, 진부하고 구태의연한 문장 및 화려한 표현, 추상적이고 연대기적 나열에 가까운 글은 피하자. 이런 류의 글은 좋은 글이 아니다. 문장이 단순 명료해야하고 표현이 명료하여 군더더기가 느껴지지 않으며, 진실한 마음이 잘 우러나야 설득력이 높다.

⑤ 자기(성격, 흥미, 특기)와 지망 대학, 학과가 일치해야 한다

자기소개서가 강력한 효과를 발휘하는 가장 큰 힘은 뭘까? 자신의 성격이나 흥미, 특성, 지금까지 공부해온 것들이 자신이 공부하고자 하는 분야와 얼마나 잘 조화를 이루는지가 관건이다. 예를 들어 전국 과학경시대회에서 우수한 성적으로 입상했다고 해도 인문학부에 지원한다면 뭔가 조화롭지 않을 수 있다. 만일 이런 경우라면 자신의 선택을 심사관이 납득할 만한 내용이 보강되어야 한다. 한편 그렇다고 해서 자기소개서를 즉흥적으로 필요에 따라 꾸며서 쓸 수도 없다. 교수는 학생부 수학능력시험 성적, 학업계획서, 추천서, 지필고사, 면접 등을 통해 다각적으로 학생을 판단한다. 따라서 내용 없이 자신을 꾸미거나 과장할 경우 쉽게 들통 나기 마련이다. 1, 2학년 때 장래희망을 법관으로 적어놓고 어려서부터 신문기자를 하고 싶었었다는 구성은 조화롭지 않은 모순된 자기소개다. 물론 희망을 바꿀 수도 있다. 이럴 경우 역시 어떤 것이 계기가 되었는지 상대를 설득해야 한다. 쉽게 눈에 띄는 문제인데도 의외로 많은 학생들이 부분에만 치우쳐 자신의 소망, 성격, 흥미 등을 왜곡시키곤 한다. 특히 주의해야 할 사항이다.

04 자기소개서 작성의 기초

① 꾸밈없이 솔직하게, 그러나 당당하게

자기 소개서를 작성할 때 가장 중요한 것은 솔직함이다. 평가의 대상이 된다고 해서 없는 사실을 꾸며 쓰거나, 자기를 과대 포장하는 것은 좋지 않다. 특히 이 내용을 바탕으로 면접이 시행되므로 솔직하고 진실하게 써야만 결국에 좋은 평가를 받을 수 있다.

그렇다고 해서 자신의 단점이나 부족한 점을 부각시킬 필요는 없다. 장점을 최대한 살리고, 단점에 대해서는 솔직하게 인정하면서 개선과 노력의 의지를 보여줄 수 있으면 충분하다. 자신 자신의 장점을 부각시키는 것이 조금은 어색하게 느껴진다 하더라도 당당하고 자신감 있는 모습을 보여줄 수 있도록 작성해야 할 것이다.

② 실제 체험을 토대로 구체적인 글을 쓰자

많은 학생들이 자기 소개서를 쓸 때 막연하고 추상적인 내용으로 일관하는 것을 볼 수 있다. 또한 적을 내용이 없어 당황하는 경우노 많다. 하지만 대학들이 제시하는 양식들은 대부분 구체적인 사례를 쓸 것을 요구하고 있다. 그러므로 우선 자기 소개서에 적을 수 있는 내용들을 많이 만들어야 한다. 경시대회에도 참가해야 하고, 동아리 활동도 해 보고, 다양한 봉사 활동도 경험할 필요가 있다. 그러나 자기 소개서에 쓰기 위해서 억지로 한 활동은 실제 글을 쓸 때 그 느낌이 충분히 살아나지 않을 우려가 있다. 그러므로 사소한 일상 속에서 자기만이 경험할 수 있는 일들을 발견하고, 그 의미를 충분히 살리려는 노력을 하자. 천편일률적인 활동들보다는 작지만 자기에게 소중한 경험이 오히려 좋은 평가를 받을 수 있다.

③ 자신의 개성을 살려서, 그리고 학생답게 쓰자

글은 그 사람의 독특한 스타일과 향기를 그대로 보여준다. 그러므로 남의 힘을 빌린 글은 목적성이 강하게 표출되기 때문에 대필한 흔적이 쉽게 나타난다. 결국 이런 글은 살아 있는 글이 아니라 형식만 갖춘 글이 되기 십상이다. 자기 소개서는 자기 자신을 드러내는 글이다. 자신의 경험과 자신의 생각을 가장 잘 보여줄 수 있는 사람은 자기 자신이다. 그러므로 화려한 미사여구나, 그럴 듯한 표현에 구애받지 말고, 학생답게 솔직하게 쓰면 된다. 자신의 경험이 진실이고, 그 경험을 통해 깨닫게 된 내용이 학생 자신의 소중한 발견이라면 그것만으로도 한 편의 좋은 글이 될 수 있을 것이다.

④ 형식을 갖춰, 문법에 맞는 글을 쓰자

자기 소개서에서 요구하는 질문을 명확하게 파악하고 그 질문에 해당하는 내용으로 각 항목을 채워야 한다. 기존의 자기 소개서에 쓰던 성장 배경이나 가족 사항은 이제는 별 필요가 없다. 각각의 질문에 맞는 내용이 한 편의 글이 되어서 학생 자신을 잘 드러낼 수 있도록 글을 써야 한다. 그리고 가장 기본적인 요구 사항인데, 문법에 맞는 정확한 문장을 써야 한다. 주어와 서술어의 호응 관계, 접속어의 바른 사용 등에 유의하여 내용이 명확하게 전달될 수 있는 글을 쓰자. 되도록 문장을 간결하게 쓰는 것이 내용 전달을 용이하게 할 것이다.

2. 자기소개서 작성시 염두에 둬야 할 것

01 대학에선 무엇을 궁금해할까?

자기소개서에서 제시하는 질문은 대학마다 다르지만 대체로 다음의 질문들로 정리해볼 수 있다.

① 성장배경 : 성장 과정에서 가장 힘들었던 일과 역경을 극복한 경험 등.

② 지원동기 : 해당 대학 혹은 전공에 지원한 동기와 이를 준비해온 과정, 그 과정에서의 성장 경험 등.

③ 고등학교 재학 기간의 노력 : 학업 능력과 교내외 활동, 특기 능력, 전공 관련 학문적 관심 등.

④ 장단점 및 특성 : 자신의 장단점 및 보완해야 할 점, 특기 사항, 단점을 극복하기 위해 노력한 점 등.

⑤ 진로 계획 : 입학 후 학업계획이나 진로 계획, 자기계발 계획, 진로와 관련된 노력 등.

그 외 봉사활동을 포함해 다양한 창의적 체험활동을 어떻게 수행했는지, 그 과정에서 어떤 경험을 했는지 묻거나 독서 항목을 별도로 물어보는 경우도 있다. 고등학교 시절 가장 관심을 기울였던 사회문제에 대해 어떤 생각을 하는지 질문하는 대학도 있고, 리더십과 관련된 물음을 던지는 경우도 있다. 또 지원한 전형에 따라 특화된 질문을 던지는 경우도 있다. 대체로 유사한 질문을 제시하니 기본적인 물음에 대해 미리 자기소개서를 작성해보고 대학별, 전공별 특성을 감안해 수정해 접근하는 것이 좋다.

그런데 자기소개서 작성을 할 때 무엇을 중시해야 하는지를 놓치고 잘못된 방향에서 접근하는 경우가 많다. 자기소개서 작성의 오해와 구체적인 작성 지침을 살펴보자.

02 나를 정의하는 키워드는 무엇?

학생들이 가장 많이 범하는 오류는 연대기적, 나열식으로 서술하는 것이다. 언제 태어났고, 어떤 가정환경에서 자라, 어떤 성격을 가지게 됐고, 학교에서 어떤 생활을 했고…. 이렇게 서술하는 것은 학생부의 기록보다도 못하다. 이런 자기소개서를 꼼꼼히 살펴볼 교수들은 없다.

학생부종합전형 심사관들에게 확실한 눈도장을 찍어두기 위해선 '나'를 드러낼 수 있는 하나의 핵심 키워드를 찾아야 한다. 나를 어필하기 위한 핵심이 뭔지 명확하게 하고 이를 중심으로 서술하는 것이 좋다.

그러기 위해선 욕심을 버려야 한다. 장점으로 보일 만한 것들을 모두 나열하고 각종 수상 실적 등을 대학이 바라는 인재상이나 전공 특성과 상관없이 무조건 나열해 특기가 많은 것처럼 보이는 것은 좋지 않다. 나의 잠재력을 보여줄 하나의 주제를 명확히 부여잡고 이와 관련된 것만 집중해 나의 특성과 성장가능성을 뚜렷하게 보여주는 것이 좋은 평가를 받는 길이다. '선택과 집중이 필요하다'는 말을 자기소개서 작성하는 동안 기억하자.

3. 합격을 부르는 자기소개서 이렇게 쓰자

01 역경과 성숙을 기술하라

나를 보여주는 가장 좋은 전략적 카드는 무엇일까? 많은 경우 자신이 한 특별한 경험 또는 역경을 드러내는 것이다. 핵심은 자신이 이 경험을 통해 어떻게 변화했는지, 자신에게 닥친 어려움을 어떻게 극복했고, 이 과정에서 무엇을 얻었는지를 보여주어야 한다. 이때 염두에 둬야할 게 있는데, 잠재력을 중심으로 이 일들을 기술해야 한다는 것이다. 만일 어떤 과목의 성적이 좋지 않아 슬럼프를 겪었거나 경제적인 어려움을 겪었다면 이를 극복하는 과정에서 나의 잠재력이 드러나도록 해야 한다. 어떤 면에서 이 전략은 자소기소개서의 핵심이 될 수도 있다. 그밖의 것들은 이를 설명하기 위한 길에 배치하는 게 좋다. 만일 이와 같은 접근이 학문적 관심이나 전공과의 연관성 속에서 설명될 수 있다면 금상첨화다.

02 전공적합성을 드러내라

전공적합성을 명확히 보여주는 것을 핵심 주제로 삼는 것도 좋다.
학생부종합전형에서는 학생의 전공적합성을 매우 중시한다. 자기소개서에 자신이 왜 이 전공 분야에 관심을 갖게 됐는지 이를 위해 어떤 노력을 했고 어떤 성과를 이뤄냈는지, 앞으로 대학에 진학해서도 어떻게 공부할 것이며 미래의 자신의 직업과 어떻게 연계해나갈 것인지 자신의 꿈과 비전을 중심으로 서술해야 한다. 이때 주의할 것은 막연한 접근은 곤란하다. 예를 들어 어릴 때부터 TV나 오락기기 등 전자제품을 수리하는 걸 좋아해서 전자공학과에 관심이 생겼다는 식의 서술은 신뢰감을 주기 어렵다. 우리 사회와 세계가 금융위기를 겪는 걸 보고 경제학과에 관심이 생겼다는 식의 비약도 피해야 한다. 부모님이 교사이고 옆에서 부모님의 삶을 보면서 교사가 되기로 결심했다는 식도 진부하다.

나소 엉뚱해 보이더라도 자신이 전공하고자 하는 학문과 관련한 구체적인 경험을 서술하는 것이 좋다. 이 경험을 통해 어떤 충격을 받았고 무엇을 고민하게 되었는지 서술하는 식이 좋다. 특히 전공과 관련된 고민이 학문적인 고민과 연결될 경우 심사관에게 설득력 있게 다다갈 수 있다. SNS를 즐겨하다 이런 서비스가 왜 공짜로 제공될 수 있는지 궁금해서 관련된 책을 읽고, 이 과정에서 어떤 고민을 하게 됐는지 설명하면서 경제학과를 전공하게 된 과정을 보여주는 것과 같이 구체적인 고민이 녹아 있는 것이 좋다.

03 전제 서류를 관통하는 전략이 필요하다

보통 자기소개서 양식을 보면 질문이 서너 가지 제시돼 있다. 질문마다 다르게 접근하는 것보다는 일관된 연결고리를 갖추는 게 좋다. 성장배경이든 장단점이든 각각의 질문에 대한 대답이 연관성 없이 뚝뚝 끊어지는 것보다는 나를 보여주는 핵심 주제를 정하고 이에 맞는 맥락에 따라 배치할 때 설득력을 높일 수 있다. 이는 자기소개서 뿐만 아니라 추천서나 기타 서류에서도 마찬가지다. 서류 전체를 관통하는 전략이 엿보일 때 심사관에게 더 강한 인상을 남긴다. 그렇다고 동어반복을 하라는 말은 아니다. 질문의 특성이나 서류의 특성에 맞추되 자신의 잠재력과 강점을 보여줄 수 있는 핵심을 놓치지 말아야 한다는 뜻이다.

04 구체적으로 서술하라

'낙천적' '대인관계 원만' '밝고 명랑' '강한 인내심' …. 이런 추상적인 언어만 나열하는 것은 바람직하지 않다. 이와 같은 표현으로는 자신의 차별성을 강조할 수 없다. 중요한 것은 구체적인 실례를 통해 증명해보여야 한다는 점이다. 리더십을 강조하기 위해서는 리더십을 발휘했던 구체적인 사례를 제시하고, 그 과정에서 어떻게 진취적인 도전을 했으며 참여를 끌어내기 위해 어떤 리더십을 발휘한 것인지 설명할 때 심사관을 설득할 수 있다.

05 내가 가진 독창적인 시각과 사고는 무엇?

학생들마다 답변에 별다른 차이가 없다면 선발하기 힘들 것이다. 판에 박힌 답변은 피해야 한다. 하나의 사건이나 사물을 볼 때에도 독창적인 시각과 사고가 녹아 있다면 이런 학생에 주목할 수밖에 없다. 자신의 경험, 전공 분야의 핵심 쟁점에 대해 자신만의 사고가 녹아 있어야 한다는 뜻이다. 또 우리 사회가 안고 있는 문제에 대해서도 독특한 시각으로 접근해 고민하고, 이에 대한 해결책에 대해서도 말할 수 있으면 좋은 평가를 받을 수 있다. 이때도 구체성이 없으면 곤란하다. 구체성이 없으면 독창적으로 보일진 모르겠지만 엉뚱한 관점만 내세우고 그칠 것이 아니라 타당한 근거를 제시해야 한다. 왜 그러한 시각으로 바라보게 되었는지, 그러한 독특한 시각은 어떤 고민에 이르게 했는지 등을 보여주는 것이 좋다.

06 흥미를 유발하는 글을 써라

무엇보다 글의 도입부에 민감해야 한다. 글의 초입부터 식상한 내용과 표현이 이어진다면 자연스럽게 그 학생에 대해 흥미를 잃을 것이다. 재미있는 일화나 충격을 받았던 사실, 나의 고민과 맞닿아 있는 유명한 어구 등을 활용해 관심을 유발해야 한다. 만일 심사관으로 하여금 이 학생이 자기소개서의 도입부터 왜 이런 문제제기를 하는지 궁금하게 만들었다면 성공! 무조건 재미있는 도입부를 구성한다고 나중에 서술할 핵심 주제나 자기고민과 동떨어진 내용이어선 물론 안 된다.

07 솔직하게 작성하라

어떤 점을 부각하려고 할 때 가장 잘하는 실수는 강한 표현, 현란한 수식을 남발하는 것이다. 그런데 이런 학생이 의외로 많다. 모두 알겠지만 화려한 수식이나 강력한 어휘를 쓴다고 장점과 잠재력이 부각되는 것은 절대 아니다. 담백하고 진솔하지만 힘 있는 글이 되어야 한다. 그래야 입학사정관이 해당 학생의 장점이나 잠재력을 있는 그대로 파악하게 된다. 또 하나 경험해보지 않은 일을 서술해서는 안 된다. 자기소개서는 추후 면접평가의 기초 자료다. 직접 경험하고 고민해보지 않은 내용을 서술할 경우 면접 과정에서 모두 탄로날 수밖에 없고 이렇게 되면 다른 평가가 우수해도 탈락의 직접적인 요인이 될 수 있다.

08 검토 과정을 여러 번 거쳐라

자기소개서는 절대로 짧은 시간 안에 작성해서는 안 된다. 먼저 어떤 전략을 세울지 정한 다음, 유의사항에 따라 본격적으로 작성하기 시작하는데, 적어도 2~3개월 정도의 기간을 두고 준비해야 한다. 필요한 자료와 서류도 준비하고 시간을 두고 꼼꼼하게 작성해야 한다. 마감시간에 임박해 급하게 작성하는 것은 패배의 지름길이다. 물론 대학마다 지원 양식과 질문이 다르지만 기본 질문에 충실하게 미리 작성해두고 퇴고를 거듭해야 한다. 지원 대학과 전공 등을 미리 정하고 지난해 양식을 토대로 작성해두면 추후 질문이 일부 다르더라도 충실히 대비할 수 있다.

대개 여러 대학에 지원하는 경우가 많다. 한 대학마다 하나의 자기소개서를 작성하는데 그치지 말고 나를 중점적으로 보여줄 핵심 주제를 여러 방향에서 잡아 최소 2~3개의 자기소개서를 작성해보는 것이 좋다. 초고로 작성한 자기소개서는 반드시 다른 사람에게 보여주어 평가를 받아보고 수정 방향을 잡아야 한다. 선생님이든, 친구든, 부모님이든 자신이 작성한 자기소개서에 문제점은 없는지, 나를 명확히 보여주고 있는지 등을 평가받고 수정하는 단계로 넘어가야 한다.

자신이 작성한 글을 수정할 때 며칠의 시간 간격을 두고 몇 차례 진행하는 것이 좋다. 시간을 두고 수정할 때 자신의 글이 새롭게 보이며 문제점이 눈에 잘 들어오기 때문이다. 표현과 맞춤법에 세세한 문제가 없는지도 반드시 따져보아야 한다.

4. 자기소개서 작성 사례

여기에 소개된 작성 사례는 우수한 작성 사례라기보다 참고용이다. 하나의 대학에서 제시한 질문으로 작성한 완결된 사례가 아니라 여러 질문을 단순 나열한 것이다. 제시된 질문은 학교마다 다르니 지원하고자 하는 대학의 양식을 따라야 한다.

[질문] 남들보다 뛰어나다고 생각하는 자신의 장점(특성 혹은 능력)과 보완·발전시켜야 할 단점(특성 혹은 능력)에 대하여 기술하십시오.(자신의 장점을 발휘할 수 있었던 사례와, 단점을 극복하기 위해 기울인 노력이 있다면 구체적으로 설명하십시오)

저를 한마디로 표현하자면 창의적인 추진력이라고 자신 있게 말할 것입니다. 저는 중학교 때, 전교 학생회장에 당선되었습니다. 저는 학교가 공부만 하는 독서실이 되어가는 것이 안타까웠습니다. 친구들은 서로 경쟁하는 점수벌레가 되어 있었습니다. 학교는 지식을 습득하는 학문의 전당이며, 동시에 친구들과 기쁨과 슬픔을 나누는 정이 살아있는 공간이어야 한다고 생각했습니다. 그래서 학년 초에는 구기대회를, 가을에는 가을 축제를 건의했습니다. 이런 건의는 학교에 즉각 받아들여졌습니다. 저는 봄과 가을의 두 행사를 친구와 친해지는 것에 초점을 맞추어 기획하였습니다. 축제를 통해 서로 이름만 알뿐이었던 친구들과의 끈끈한 우정을 느낄 수 있었습니다.

반면에 저는 다른 사람의 입장에서 생각해보는 힘이 부족합니다. 저는 고등학교 2학년 때 농구부 주장이었습니다. 운동 중 같은 동네에 사는 한 친구가 다리를 다친 적이 있었습니다. 친구는 절룩이며 학교를 다녀야 했지만, 저는 가방을 들어줄 생각도 못했습니다. 저는 '남자가 그 정도는 견뎌내야 한다'는 생각이었지만, 지금 생각하면 무척 후회가 됩니다. 그 때 그 친구에게 저의 조그만 도움은 큰 힘이 되었을 것입니다. 저는 '역할 바꾸기' 훈련을 합니다. 이것은 혼자만의 훈련입니다. 어떤 상황이 닥치든지, 먼저 '내가 그 사람이었다면…'하고 생각해 보는 것입니다.

[질문] 고등학교 재학기간 중 학업 이외의 활동영역(사회봉사활동, 교내 · 외 클럽활동, 단체활동, 취미활동, 문화활동)에서 가장 소중했던 경험을 소개하고, 이러한 경험이 자신의 성장에 어떤 도움을 주었는지 기술하십시오.

저는 역사과목을 좋아했습니다. 그러나 교과서 밖에서 역사를 접할 기회가 없었습니다. 저는 좀더 깊이 있게 역사를 공부하고 싶어 역사탐구반에 가입했습니다. 역사탐구반에서의 역사기행과 다양한 역사공부는 저에게 역사를 보는 눈을 길러 주었습니다. 지나간 과거를 오늘을 사는 나의 눈으로 재해석하고, 그러한 해석에 기초한 실천이 중요함을 깨달은 것은 고등학교 시절의 저를 키워낸 자양분이었습니다. 또한 역사탐구반에서의 근현대사 공부를 통해 우리 민족의 소중함을 알게 되면서 저는 우리 민족의 발전을 위해 제가 기여할 수 있는 방법을 고민하기도 했습니다. 정보산업시스템공학과에서는 생산시스템부터 의료, 정보통신, 교통, 환경시스템까지 복잡한 산업 문제를 효율적으로 해결할 수 있는 능력을 키워낼 수 있다고 알고 있습니다. 저는 우리 사회가 정보화사회로 이행하는데 뒤떨어지지 않도록 하는 훌륭한 공학도가 되어야겠다는 생각을 하고 있습니다. 역사탐구반 활동을 통해 알게 된 역사에 대한 열린 사고는 제게 진로를 선택할 수 있는 힘을 주었을 뿐만 아니라 눈을 돌려서 좀 더 먼 곳, 세계 속의 나를 바라볼 수 있게 되었습니다. 저는 지금도 역사를 공부하고 있으며, 자신을 둘러싼 세계와의 벽을 허물고자 하는 많은 친구들에게 역사 공부를 추천하고 있습니다.

[질문] 다음 중 하나를 선택하여 [　] 안에 ∨표를 한 후, 그 주제에 맞게 자유롭게 기술하십시오.

[　] 가장 감명 깊게 읽은 책(2~3권)에 대하여 감명 받은 개인적인 이유를 요점적으로 기술하십시오.

[∨] 자신이 가장 소중하게 생각하는 고등학생 시절의 지적 성취 경험에 대해서 설명하십시오. 단, 시험 성적이나 석차 등을 나열하기보다는 자신의 창의적인 학습 활동 내용 및 과정 등을 중심으로 기술하십시오.

[　] 전공선택에 영향을 미친 중요한 경험(인물, 사건, 서적 등)을 구체적으로 기술하십시오.

무조건 외우기만을 강조했던 중학교 때의 과학 수업은 저에게 '과학은 흥미없는 과목'이라는 생각을 갖게 만들었습니다. 고등학교 진학을 앞두고, 고등학교 학과 과정에 제가 가장 어렵게 느꼈던 물리가 있다는 사실을 알게 된 것은 저에게 큰 부담이었습니다. 사실 중학교 과학에서 가장 힘들었던 부분이 물리와 관련된 부분이었기에, 진학을 앞두고 이 문제를 극복하지 않으면 앞으로 선택하게 될 전공 학과 공부를 하는데 있어 큰 걸림돌이 될 것이라는 생각을 하게 되었습니다. 그러나 쉽게 해결책을 찾을 수 없었던 결과, 고등학교 1학년 과학 시간도 저에겐 무의미하게 지나갔습니다. 그러던 중, 1학년 겨울 방학, 교보 문고 과학 서적 코너에 꽂혀 있는 수많은 과학 서적과 관련 잡지들을 만나게 된 것은 과학에 대한 흥미와 호기심을 불러일으키는 결정적인 계기가 되었습니다. 그 날 제목이 눈에 띄어 사게 된 〈아인슈타인이 이발사에게 들려준 이야기〉란 책과 끈질기게 씨름한 결과 뉴턴의 고전 역학, 관성의 법칙이나 상대성 원리에 대해 이해할 수 있었습니다. 또한 과학의 원리와 그 원리의 핵심이 어떻게 세상을 설명해 내는 것인지를 알게 된 것은 저에게 큰 기쁨이었습니다. 그러나 이런 지적 성취감보다 더 소중한 것을 얻게 되었는데, 그것은 바로 과학에 대한 흥미였습니다. 그 때 처음으로 학문의 세계라는 문을 빼꼼히 열어본 기분이었고, 지금까지 그 기억이 수험생활의 어려움을 견딜 수 있는 힘이 되어주고 있습니다.

[질문] 교내 · 외 활동중 대표적인 활동을 3개 이내로 기술하여 주십시오.

배드민턴 반에서 활동하게 된 이유는 고등학교 입학하면서 좀 부족하다고 느껴졌던 체력을 향상시키고 싶기 때문이었습니다. 실제 대입준비로 장시간의 공부를 위해서는 체력 단련이 우선이라고 생각했습니다. 1학년은 몇 명 안 되었지만, 하이클리어, 드롭샷, 서브 넣는 방법 등을 배워 친구들과 단식경기도 하고 복식경기도 해보았습니다. 점심 식사 후 친구들과 경기를 하면 기분도 전환되고 운동도 되어 오후 수업에 활력이 되었습니다. 몸을 움직인다는 것이 참 상쾌한 느낌을 주어 한번은 경기를 하다가보니 4시간이나 흐른 적도 있었습니다. 땀흘리고 운동하는 것이 얼마나 즐거운 일인가를 알게 해주는 소중한 경험이었다고 생각됩니다.

영어 회화반에 가입하게된 것은 리더스 다이제스트, 타임지의 기사를 읽고 해석하면서 토론도 한다고 해서 가입하게 되었습니다. 자신의 의견을 발표하고 토론하는 활동을 해보고 싶었습니다. 하지만, 그런 면에서는 실제로 기대했던 것보다는 활동이 부족했지만, 단지 영어 실력을 늘려 가는 것 뿐 만이 아니라 평소에 관심이 많은 사회현상들에 대한 영어기사들이라 어렵지만 재미있었습니다. 대학교에 입학해도 다시 영어 회화반에 가입하고 싶고, 엄청나게 노력을 해야하겠지만, 영어로 발표하고 토론하는 활동들을 제대로 해보고 싶습니다.

[질문] 봉사활동 중 대표적인 활동을 3개 이내로 기술하여 주십시오.

○○ 도서관에서 책을 분류표대로 정리하는 일을 했습니다. 한 여름철이라서 에어컨이 돌아감에도 불구하고 제가 일했던 곳에는 바람이 제대로 들어오지 않아서 땀이 책장에 떨어질 정도로 더웠지만 여러 가지 책들을 틈틈이 볼 수 있어서 재미있는 활동이었습니다. 모든 것이 디지털화 되는 세상이지만, 손으로 만질 수 있는 책이 역시 더 정겹다고 생각했습니다.

○○의 보훈회관에서 나이 드신 어른들의 물리치료를 도와드리고 식당에서 점

심식사 준비를 돕고, 화장실 청소를 했습니다. 힘들지만 성심껏 어깨를 주물러 드렸더니 할머니 한분이 1000원을 주시며 고마워하시는 것을 보며 노인 분들의 외로움을 느낄 수 있었습니다. 시설들이 생각보다 좋았고, 더 많은 분들이 이용을 하면 좋을 것 같았습니다.

[질문] 지원모집 단위를 선택하게 된 동기를 500자 이내로(띄어쓰기 포함) 기술하여 주십시오.

어려서부터 책읽기, 신문보기를 좋아했습니다. 세상에서 일어나는 일들을 모두 이해하기는 힘들지만 이치를 따져보는 것이 재미있고, 사회에서는 왜 이렇게 불안정하고 부정적인 것들이 많이 일어나는 지, 그런데도 사회가 어떻게 정상적으로 기능되는지, 그리고 모두 사실인 지 궁금했습니다. 부모님은 신문기사에 나타난 이면의 행간도 중요하다고 말씀해 주셨습니다. 그러면서 자연히 나름대로의 견해를 갖추려고 노력하게 되었습니다. 주위에서 지나치게 이상적이라고 하는 말도 들었습니다. 고등학교 일학년 때는 담임선생님께서 이런 저를 좋게 생각하시고 독일에서 공부하고 계신 사회학자 한 분을 소개해 주셨습니다. 대학로에 있는 경전 공부하는 곳인데, 여러 분야의 학문하는 분들이 정기적으로 모여서 토론하는 곳이었습니다. 그 분은 저의 그런 관심들을 많이 칭찬해 주시며 많이 공부하고 고민하고 탐색해 보라고 격려해 주셨습니다. 아직은 많이 부족하지만, 저의 사회에 대한 이런 관심들을 학문적으로 통합적으로 공부할 수 있다고 생각해 사회과학대학을 지원했습니다.

[질문] 남들보다 뛰어나다고 생각하는 자신의 장점(특성 혹은 능력)과 보완·발전이 필요한 단점(특성 혹은 능력)에 대하여 500자 이내로(띄어쓰기 포함) 기술하여 주십시오.(자신의 장점을 발휘할 수 있었던 사례와 단점을 극복하기 위해 기울인 노력이 있다면 구체적으로 기술하여 주십시오)

저는 제가 하고자 하는 일에 집중력을 가지고 임합니다. 또한 남에게 지지 않으려는 승부욕이 강해 남모르게 많은 노력을 하고, 자신의 의지를 항상 강하게 하려고 노력합니다. 저 자신 머리가 뛰어나다고는 생각지 않지만, 끈기와 집념은 강하다고 생각합니다. 학교공부 이외의 시사상식적인 것에도 관심이 많고, 다양한 책들을 보려고 노력합니다. ○○대 사회과학대학 주최 시사경시대회 때도 A0의 점수를 받은 것은 평소 문학지, 과학잡지, 신문을 꾸준히 보아온 때문이라 생각합니다. 공부만 잘하고, 이기적이란 평을 받지 않으려고 노력을 해 왔습니다. 졸업식 때 가장 많은 박수와 함성을 받아 저 자신도 놀랐습니다. 하지만 어떤 선택을 해야 하는 상황에서 결단력이 부족하여 선택을 주저하는 경향이 있습니다. 아니오란 말을 하기가 힘들어 큰 소리로 연습을 해 보기도 했습니다. 우유부단하다는 소리도 가끔 듣지만, 행동하기 전에 최대한 신중하게 생각하려고 합니다. 판단의 기준을 명확하게 세운 다음에는 과감하게 행동에 옮기려고 늘 노력하고 있습니다.